HANS GERZLICH

Geld für alle!

D1872521

Buch

Grundlagen und einfache Regeln unserer komplexen Wirtschaftswelt beleuchtet der Kabarettist Hans Gerzlich komisch ökonomisch anhand von anschaulichen Alltagsbeispielen. Das Ticket fürs Tokio-Hotel-Konzert wird da zum Wertpapier und die Arbeitsteilung beim Ausräumen der Spülmaschine zur Globalisierung im Haushalt. Außerdem erfahren Sie, was die Partnerwahl vom Gebrauchtwagenkauf unterscheidet, was eine Bad Bank mit Bad Nauheim zu tun hat und warum Massenarbeitslosigkeit ein aktiver Beitrag zum Umweltschutz ist. Das Buch zum Programm: Mehr Durchblick und Unterhaltung für alle!

Autor

Hans Gerzlich ist gelernter Groß- und Außenhandelskaufmann, Diplom-Ökonom und ehemaliger Marketing-Referent. Im Jahr 2000 wechselte er ins Kabarettfach, um unter anderem komplexe ökonomische Zusammenhänge mit Humor zu würzen und einem breiten Publikum auf der Bühne fröhliche Aha- und Oho-Momente zu bescheren. »Geld für alle!« ist sein erstes Buch. Mehr Info unter: www.gerzlich.de

Hans Gerzlich

GELD für alle!

Wechseljahre einer Weltwirtschaft

GOLDMANN

FSC
Mixed Sources
Product group from well-managed
forests and other controlled sources

Cert no. GFA-COC-1223
www.fsc.org
© 1996 Forest Stewardship Council

Verlagsgruppe Random House FSC-DEU-0100
Das FSC-zertifizierte Papier *Lux Cream* für dieses Buch
liefert Stora Enso Publication Papers Oy Ltd., Finnland

1. Auflage
Originalausgabe Mai 2010
Copyright © 2010 by Hans Gerzlich
Copyright © dieser Ausgabe 2010
by Wilhelm Goldmann Verlag, München,
in der Verlagsgruppe Random House GmbH
Umschlaggestaltung: UNO Werbeagentur, München
Umschlagfoto: haraldhoffmann.com
Illustrationen: krebsillustration.de
KF · Herstellung: Str.
Druck und Bindung: CPI – Clausen & Bosse, Leck
Printed in Germany
ISBN: 978-3-442-15615-3

www.goldmann-verlag.de

Inhalt

Wirtschaft als Comedythema?
fragt Dieter Nuhr

Wirtschaft als Comedythema? Warum nicht! Wer einmal im Taxi nicht bezahlt hat, weiß: Ökonomisch denken hilft! Neue Zähne sind teurer als das gesparte Fahrgeld. Von einem studierten Ökonomen kann man natürlich noch viel mehr zum Thema lernen! Zum Beispiel: Wenn die Bevölkerung schrumpft, die Übriggebliebenen aber immer fetter werden, wächst die Wahrscheinlichkeit, dass der Volksverbrauch von Remoulade gleich bleibt. Das klingt interessant – für Hersteller von Remoulade, sollte uns aber alle interessieren. Denn wenn die systemrelevante Remouladenindustrie schrumpft, kommt der Dominoeffekt ins Spiel, und am Ende brechen die Banken zusammen! Schlaue Menschen sagen: »Na, und! Ich habe mein Geld in Remoulade angelegt!« Ich nicht, ich bin Remoulade-Allergiker. Egal. Was ich sagen will: Wenn Sie wissen wollen, wie Remoulade, Volkswirtschaft und Mensch zusammenhängen, sollten Sie in dieses Buch einmal reinschauen. Wenn nicht, auch! Das ist eine Frage der Ökonomie. Vor allem für den Autor! Sie können das Buch übrigens auch mehrfach lesen! Mit dem Kauf erhalten Sie freien Zugriff. Ohne Kopierschutz! Ein Leben lang! Flatrate ohne Abo! Ein großartiges Angebot. Ökonomischer geht's gar nicht. Greifen Sie zu.

Wirtschaft als Comedythema!
sagt Hans Gerzlich

Na, haben Sie schon zugegriffen und es sich daheim mit meinem Schmöker bereits gemütlich gemacht? Oder stehen Sie noch beim Buchhändler Ihres Vertrauens und drehen das Buch, blättern in ihm, und fragen sich »Ein lustiges Wirtschaftsbuch«? Ist das nicht ein Widerspruch in sich? So wie »eckiger Kreis« oder »seriöser Anlageberater«. Nö, denn Wirtschaft ist witzig. Sozusagen komisch ökonomisch.

Und als tollen Nebeneffekt erweitern Sie Ihren Horizont! Wenn beim nächsten Zahnarztbesuch, im Fußballstadion oder auf einer Beerdigung wieder angeregt über Schuldenbremse, Reichensteuer oder Bruttoinlandsprodukt philosophiert wird, brauchen Sie nicht mehr abseits zu stehen und verzweifelt versuchen, das Gesprächsthema aufs Wetter, Beziehungskisten oder altersbedingten Harndrang zu lenken.

Wenn Sie reich sind, werden Sie nach der Lektüre wissen, woher Ihr Geld kommt. Wenn Sie nicht reich sind, werden Sie erfahren, warum Sie es auch nicht mehr werden. Und beides hängt zusammen. Unmittelbar. So wie alles auf der Welt. Sie können sich am Hintern ein Haar ausreißen, dann tränt vorne Ihr Auge. Wie gesagt: Alles hängt mit allem zusammen!

Daher können Sie dieses Buch nach Altvätersitte von vorne nach hinten lesen oder aber auch von der Mitte quer nach links, schräg von oben rechts oder von hinten nach unten. Als Orientierungshilfe habe ich querverweisende Fußnoten eingefügt. Folgen Sie diesen von Kapitel zu Kapitel, landen Sie in einer Endlosschleife, die Sie immer aufs Neue durchs Buch führt. Dies hat den riesigen Vorteil, dass Sie nie wieder ein anderes Buch brauchen werden, und macht den von Ihnen berappten Kaufpreis zu einer Investition fürs Leben. Und Sie haben immer was zu lesen!

Darüber hinaus ersetzt es teure Wochenendseminare wie »Sicheres Auftreten trotz völliger Inkompetenz«, »Wie mache ich mich interessanter, als ich bin?« oder »1000 Anmachsprüche, die selbst bei Quasimodo wirken«. Und außerdem werden Sie einfach viel Spaß damit haben.

Den wünsche ich Ihnen, denn nun geht es los!

Ganz herzlich

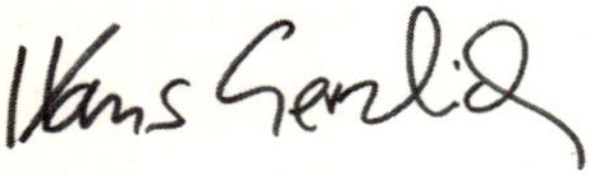

Vorab

Bunt ist alle Theorie: Klärung wichtiger Begriffe

Keine Angst, hier werden Ihnen keine drögen Begriffsdefinitionen präsentiert, bei denen selbst der geneigteste Leser trotz zweier Kannen Kaffee und einem Sixpack Red Bull auf ex nach einer halben Seite eingepennt ist. Aber ein paar Begriffe sollte man mal gehört haben, wenn man mitreden will. Nämlich die hier.

- Die Wissenschaft, die Wissen schafft: Wirtschaftswissenschaft
- Die Partnerwahl als Gebrauchtwagenkauf: Homo oeconomicus
- Die Rente ist sicher: Demografischer Wandel
- »In the long run we are all dead!«: Keynesianismus
- Konkurrenz belebt das Geschäft: Lieferantendiversifikation
- Geteilte Arbeit ist halbe Arbeit: Arbeitsproduktivität
- Von der Entwicklungs- zur Sättigungsphase: Produktlebenszyklus
- Wer schreibt, der bleibt: Abschreibung
- Drum prüfe, wer sich länger bindet: Fusion

- Big (Mac) in Japan: Preisdifferenzierung
- Putziger Waldbewohner mit drei Buchstaben: DAX

Ich krieg' die Krise: Wechseljahre einer Weltwirtschaft

Gerade eben hatten wir noch Aufschwung, die Wirtschaft brummte und freute sich ihres Lebens, der Deutsche kaufte und freute sich seines Lebens, der Finanzminister träumte von einem ausgeglichenen Haushalt und freute sich seines Lebens. Plötzlich hatten wir Finanzkrise. Eigentlich ja die da drüben in Amerika. Aber einen alten Kameraden lässt man in der Not nicht allein. Wie sähe denn das aus? Viele Begriffe mussten wir neu lernen, die uns seitdem täglich in Tageschau und -zeitungen um die Ohren gehauen werden. Hier werden die wichtigsten vorgestellt.

- Jeder ist mit seinem Verstand zufrieden, aber keiner mit seinem: Geld
- Wir versaufen unser Oma ihr klein Häuschen: Finanzkrise
- Komm ich heut' nicht, komm ich morgen: Leerverkäufe
- Rien ne va plus: Kasinokapitalismus
- Bad Nauheim, Bad Salzdetfurth, Bad Kissingen: Bad Bank
- Kommet her zu mir alle, die ihr mühselig und beladen seid: Wirtschaftsfonds Deutschland
- Der Schuldenberg ruft: Schuldenbremse

Arbeit macht das Leben süß: Arbeitsmarktpolitik

Die Schaffung von Arbeitsplätzen ist in der Politik immer ein Thema. Schon lange. Ist ja auch wichtig. Wer bei Wahlen die meisten Arbeitsplätze verspricht, hat beste Chancen, ans Ruder zu kommen. Dann wird auch gerudert – hilflos mit den Armen. Und damit der Beweis angetreten, dass gut gemeint und gut gemacht unüberbrückbare Gegensätze sind.

- Ich glaube nur der Statistik, die ich selbst gefälscht habe: Arbeitslosenquote
- Die Arbeitsmarktpolitik der Ära Schmidt (1974-82): Lieber fünf Prozent mehr Inflation als fünf Prozent mehr Arbeitslosigkeit
- Die Arbeitsmarktpolitik der Ära Kohl (1982-98): Frührente
- Die Arbeitsmarktpolitik der Ära Schröder (1998-2005): Hartz IV
- Die Arbeitsmarktpolitik der Ära Merkel: Keine Angaben
- Arbeit macht Spaß – Spaß beiseite: Vollbeschäftigung

Politische Ökonomie: Die Wahl der Qual

Politiker haben ein Problem: sich selbst. Bevor sie nämlich an uns – die Bürger – denken, denken sie an sich. Das ist zwar ganz normal, schließlich ist sich jeder selbst der Nächste, aber bei denen kommt danach dummerweise erstmal die Fraktion, die Partei, der Dienstwagen, das geile Gefühl, tagtäglich 20 Mikros vor die Nase gehalten zu kriegen und echt ganz doll wichtig zu sein, und dann erstmal lange nix. Wohin das führt? Lesen Sie hier!

- Neid macht erfinderisch: Reichensteuer
- Wachstum, Wachstum, Wachstum: Wirtschaftswachstum
- Glaskugel oder Kaffeesatz? Wirtschaftsweise
- Rette mich, wer kann: Subventionen
- Augen auf beim Watussirindkauf! Mehrwertsteuererhöhung
- Das Wandern ist des Arbeitsplatzes Lust: Globalisierung
- Lieber reich und gesund als arm und krank: Gesundheitsreform
- Drei, zwei, eins ... deins! Privatisierung

Die Wissenschaft, die Wissen schafft:
Wirtschaftswissenschaft

Wissenschaftler beschäftigen sich seit jeher mit den Rätseln der Menschheit. So ist es beispielsweise ein Naturgesetz, dass man immer dann vergisst, sich zu vergewissern, ob genug Papier auf der Klorolle ist, wenn man alleine im Hause ist. Ein Geheimnis, das bis heute nicht enträtselt ist und uns immer wieder hilflos wie ein kleines Baby auf dem Abort sitzen, das letzte Papier in der Hand halten und ausrufen lässt, wie schon weiland Martin Luther so oder ähnlich ausrief: »Hier sitze ich, ich kann nicht anders!« Niemand wird meine Hilferufe hören.

> **»Das einzige Mittel gegen den Aberglauben ist die Wissenschaft«**
> Henry Thomas Buckle, Geschichts- und Schachexperte

Ebenso ungeklärt ist, wie das Leben entstand. Wie kann man Gold herstellen? Warum juckt einem immer genau dann die Nase, wenn man gerade beide Hände im Spülwasser hat?

Während letztgenanntem Problem heute mittels Einsatz von Spülmaschinen begegnet wird[1], klagt der Wissenschaftszweig der Alchemie, und damit die Suche nach

1 Vgl. »Arbeitsproduktivität«

dem Stein der Weisen, in den letzten Jahrhunderten über Nachwuchssorgen. Während er von der modernen Chemie sowie der Pharmakologie abgelöst wurde,[2] ist man der Frage nach unserem Entstehen weiter auf der Spur. Dabei werfen Meilensteine der Erkenntnis, wie zum Beispiel die Entschlüsselung unseres genetischen Codes im Jahre 2003, jedoch immer neue Fragen auf. So ist es beispielsweise bis heute nicht gelungen, das Tarifsystem der Deutschen Bahn zu entschlüsseln. Eine vertrackte Angelegenheit, die die Wissenschaft noch Jahrzehnte, wenn nicht Jahrhunderte in Atem halten wird. Gut, dagegen war die Erforschung des menschlichen Genoms auch ein Klacks.

Andere Rätsel, die man seit Menschengedenken für unlösbar gehalten hat, werden plötzlich durch Zufall entdeckt. Von ganz normalen Leuten. So hat zum Beispiel unser ehemaliger Rodelkönig und späterer Wok-Weltmeister Georg Hackl, der Hackl Schorsch, die Welt der Forschung aus den Angeln gehoben, als er nach einem Trip in die Neue Welt feststellte, amerikanisches Bier sei der erste gelungene Versuch, Wasser zu verdünnen. Immerhin scheint die Wissenschaft diesbezüglich den Stein der Weisen gefunden zu haben.

Die Wirtschaftswissenschaft ist verglichen mit den Naturwissenschaften, der Medizin, Mathematik usw. eine recht junge Disziplin. Auch wenn sich die Denker der Antike bereits über ökonomische Fragestellungen den Kopf zerbrochen haben, liegt ihre eigentliche Geburtsstunde als eigenständige Forschungsdisziplin mit Theorien, Model-

2 Vgl. »Gesundheitsreform«

len und wissenschaftlichen Diskussionen gerade mal im 18. Jahrhundert. Dafür hat sie jedoch nach ihrer Entstehung den Lauf der Dinge erheblich beeinflusst. Sei doch in diesem Zusammenhang nur an die von Karl Marx und Friedrich Engels im 19. Jahrhundert entwickelte Marxistische Wirtschaftstheorie und deren Auswirkungen auf Abermillionen Menschen im Nachkriegseuropa und in Teilen Asiens erinnert.

In Deutschland wird die Wirtschaftswissenschaft gern unterteilt in Betriebs- und Volkswirtschaftslehre. Wer nichts wird, wird Wirt. Wer gar nichts wird, wird Betriebswirt!

Jahr für Jahr, Semester für Semester schreiben sich hoffnungsfrohe Schulabgänger, denen das Leben so viel zu bieten hätte, an den Universitäten für Wirtschaftswissenschaft ein – denn sie wissen nicht, was sie tun!

Ihre Perspektiven sind alles andere als rosig. Die Hörsäle sind mit Studierenden – vor allem der Betriebswirtschaft – überfüllt, die Bundesarbeitsagentur mit den Absolventen. Wenn schon arbeitslos, dann aber wenigstens in einem Beruf, der auch Spaß macht.

Eine besondere Qualifikation für das Studium der Wirtschaftswissenschaft benötigt man nicht, von der formalen Voraussetzung der vorangegangenen Erlangung der allgemeinen Hochschulreife, im Volksmund auch »Abi« genannt, einmal abgesehen. Eigeninitiative, Reflexionsvermögen und kritisches Mitdenken sind eher hinderlich und führen zu ernsthaften Schwierigkeiten auf dem Weg zum Diplom. Wirtschaftsprofessoren pflegen nämlich zwar stets zu betonen, dass man als Antwort in Klausuren jede Meinung zu

Papier bringen könne, wenn man imstande sei, diese stichhaltig zu begründen. Jedoch verfahren sie in der Regel nach der Devise, dass der Prüfling jede Meinung schreiben dürfe, es müsse halt nur die des Professors sein.

Daraus folgt unmittelbar, dass man, um einen wenigstens halbwegs brauchbaren Abschluss hinzulegen, nicht besonders helle sein muss, sondern lediglich sehr, sehr fleißig, da es absolut ausreichend ist, sich die von den Professoren in der Regel selbst verfassten Lehrbücher ins Hirn zu bimsen. Ein Studiengang wie geschaffen für Leute, deren Eltern auf den Elternsprechtagen gerne von der Lehrerschaft zu hören gekriegt haben: »Ihr Kind ist nicht faul, Ihr Kind ist dumm!«

Da passt es ganz gut, dass man aus einer Vorlesung in der Regel blöder herauskommt, als man hineingegangen ist. »Studium ist in erster Linie Literaturstudium«, kriegt man allenthalben seitens der Dozenten in den Vorlesungen eingebläut. Jeder Professor hat schließlich so drei bis zehn Lehrbücher vom Stapel gelassen. Und deren Erwerb ist für die erfolgreiche Teilnahme der entsprechenden Vorlesung unerlässlich. Das treibt die Auflage in die Höhe und kann daher auch gleichzeitig als Paradebeispiel eigennutzenmaximierenden Verhaltens des lehrstuhlinnehabenden Homo oeconomicus[3] gelten. Viel Auflage, viel Ehr'.

Am Ende des Studiums hat ein Ökonomiestudent daher mehr Bücher über Wirtschaft im Regal stehen als Stephen Hawking über moderne Physik, Jogi Löw über modernen Fußball und Wladimir Putin über moderne Foltermethoden.

3 Vgl. »Homo oeconomicus«

Schlimmer hätte es eigentlich nur im Rahmen eines Orientalistikstudiums bei Peter Scholl-Latour kommen können. Um dessen sämtliche Ergüsse aus seinem langen Leben auf den Spuren von Kara Ben Nemsi zwischen zwei Buchdeckel zu pressen, musste man allein den halben Amazonasurwald abholzen. Statt Brandrodungen der dortigen Bauern zu bekämpfen, hätte man Scholl-Latours Bücher verbieten sollen. Auch wenn es vielleicht in einem Land mit unserer Geschichte nicht ganz schicklich ist, derlei zu fordern: Dem Regenwald würde es heute besser gehen – und wir müssten ihn heute nicht mühsam durch den Verzehr unzähliger Kisten Bier einer namhaften Gerstensaftbrauerei aus dem Siegerland wieder aufforsten.

Na ja, wenn Günther Jauch dafür Werbung macht, wird das schon seine Richtigkeit haben. Schließlich würden ihn laut repräsentativer Umfrage fast fünfzig Prozent der Erstwähler bei einer Direktwahl zum Bundeskanzler wählen – wahrscheinlich vorausgesetzt, Thomas Gottschalk tritt nicht an, Horst Schlämmer hat keine Zeit, und Franz Beckenbauer würde sich mit dem Amt des Bundespräsidenten zufriedengeben. Das sind aber wahrscheinlich dieselben fünfzig Prozent, die auch glauben, mit der Erststimme wähle man die Regierung, mit der Zweitstimme die Opposition und von Andreas Baader komme zweimal im Jahr der Katalog ins Haus.

Ob Literatur oder Vorlesung, ziemlich schnell wird dem Erstsemester deutlich, dass Ökonomen gerne ökonomische Prozesse und Strukturen, also das Leben, durch Funktionen beschreiben, in Formeln packen und in Modellen abbilden wollen. Daher schadet es nichts, wenn man vor dem Wirtschaftsstudium seinen Doktor in höherer Mathematik gemacht hat.

Bei der Entwicklung eines Modells, also einer abstrakten Abbildung eines realen Zusammenhangs, müssen, damit das Modell nicht zu unübersichtlich wird, Prämissen gesetzt, relevante Variablen ausgesucht und andere aus der Betrachtung ausgeschlossen werden. Da nimmt man in der Regel praktischerweise die, die man sich sowieso nicht erklären kann, und nennt sie *Externe Effekte*. Mit dem Rest kann Ihnen ein Ökonom dann ganz genau und auf den Punkt erklären, warum die Investitionen steigen, wenn die Zinsen nach unten gehen, oder die Arbeitslosigkeit abnimmt, wenn die Löhne sinken. Und darauf können Sie sich genauso hundertprozentig verlassen, als wenn der Kachelmann beim Wetterbericht sagt: »Morgen gibt's strahlenden Sonnenschein – aber nur unter der Prämisse, dass es nicht anfängt zu regnen.«[4]

Eine unter Ökonomen sehr beliebte und daher gern gesetzte Prämisse ist die sogenannte *Ceteris-Paribus-Klausel*. Unter dieser Annahme betrachtet man, was passieren würde, wenn alle Variablen unverändert blieben, außer der betrachteten. Wie hoch wird der Krankenkassenbeitragssatz in zwanzig Jahren sein, wenn die Gier der Pharmakonzerne konstant und das Abrechnungssystem weiter intransparent bleibt? Wie viele Schnorchel würden noch verkauft werden, wenn die Menschheit evolutionär auf Kiemenatmung umstellen würde? Wie ändert sich der Geschmack eines Butterbrotes, wenn Brot- und Wurstanteil gleichbleiben, aber

4 Vgl. »Wirtschaftsweise«

der Butteranteil um 1.500 Prozent gesteigert wird? Wie entwickelt sich der Preis für Schweinefleisch, wenn alle Deutschen zum Islam übertreten, aber so doof sind, trotzdem nicht mehr Schafe, Rinder oder Hühner zu züchten? Man versucht also quasi herauszufinden, ob einem schwindeliger wird, wenn man sich rechts oder links herumdreht, während die Erde stillstehen bleibt.

Hört sich ziemlich absurd an. Ist es auch. Trotzdem kann man für solche (oder zumindest ähnlich angelegte) wissenschaftliche Arbeiten einen Nobelpreis kriegen. Den gibt es alljährlich bei den Schweden. Und gelegentlich hegt man den Verdacht, dass nicht nur bei deren Möbeln zum Selberbasteln hin und wieder eine Schraube locker ist.

»Nationalökonomie ist, wenn die Leute sich wundern, warum sie kein Geld haben«
Kurt Tucholsky, Schlossherr

Das Drei-Kronen-Land ist ansonsten bekannt für Knäckebrot und Königin Silvia, eine ehemalige Hostess aus dem Kurpfälzischen. Und wenn die Gute gerade mal nicht auf ihrem Thron sitzt, steht sie vermutlich in der Küche und bereitet ihrem Männe Carl Gustaf Folke Hubertus Bernadotte leckere Köttbullar zu. Die heißen in Silvias ehemaliger deutscher Heimat Königsberger Klopse. Und weil Silvia jetzt in Schweden wohnt und Königsberg schon länger nicht mehr unmittelbar dem deutschen Hoheitsgebiet zuzurechnen ist, verzichtet sie auf Kapern in der Sauce.

Am 10. Dezember eines jeden Jahres, wenn sich der Tag jährt, an dem der verblichene Namensgeber des Nobelpreises 1896 von uns gegangen ist, bleibt jedoch Silvias

Kochschürze am Haken und bei Bernadottes die Küche kalt. Da gibt es nämlich das leckere Nobelbankett nach der Verleihung der gleichnamigen Preise in Stockholm. Und da die Bernadottes um die Ecke wohnen, wäre es ja weggeschmissenes Geld, wenn man nicht mal reinschauen und sich für lau durchmampfen würde. Das ist nicht nur kulinarisch, sondern auch ökonomisch sinnvoll.

Der »Preis für Wirtschaftswissenschaften der schwedischen Reichsbank in Gedenken an Alfred Nobel« wird zwar im allgemeinen Sprachgebrauch »Nobelpreis für Wirtschaftswissenschaft« geschimpft, ist aber keiner. Im Gegensatz zu den »echten« Nobelpreisen wurde er nämlich nicht von Alfred Nobel daselbst gestiftet und wird auch erst seit 1969 vergeben – dem Jahr der ersten Mondlandung. Und während Natur- und Ingenieurswissenschaftler es bis heute gerade mal hinbekommen haben, auf dem Erdtrabanten ein paar Leutchen ein paar ganz goldig anzuschauende Hüpfer vollführen zu lassen, sind die Ökonomen ihnen um Lichtjahre voraus, leben sie doch genauso lange und weit dahinter.

Wie die Wirtschaft funktioniert, können sie nämlich bis heute nicht erklären. Und wie man sie sinnvoll steuert schon gar nicht. Na und? Die Psychologen sollen erstmal erklären, warum die Klorolle immer genau dann leer ist, wenn man alleine im Haus ist. Es gibt schließlich Wichtigeres als Geldmarktpolitik, Bruttonationaleinkommen oder Rezessionsgefahren – zumindest für den, der gerade das letzte Blatt von der Rolle gezupft hat!

Die Partnerwahl als Gebrauchtwagenkauf:

Homo oeconomicus

Sind Sie immer nur an der Maximierung Ihres eigenen Nutzens interessiert? Dann sind Sie wahrscheinlich Spitzenmanager, Politiker oder – Homo oeconomicus. Eigentlich sind wir das alle. Also nicht Spitzenmanager oder Politiker, sondern Homi oeconomicusse. Zumindest werden Menschen so innerhalb eines etwas abstrakten Modells[5] der Ökonomie charakterisiert. Um das Verhalten von Wirtschaftssubjekten[6] beschreiben zu können, haben die Wirtschaftswissenschaftler nämlich der Evolution ein wenig ins Handwerk gepfuscht und auf den Homo erectus und den Homo sapiens ihrer paläoanthropologischen Kollegen den Homo oeconomicus folgen lassen. Der ist auch Allesfresser, benutzt Werkzeuge und geht ebenfalls aufrecht. Meistens zumindest. Wenn es ihm nutzt, katzbuckelt er auch schon mal. Statt wie einer der ehrenwerten Vorfahren schon mal blindlings den Faustkeil

> **»Die meisten Egoisten sind ehemalige Altruisten«**
>
> George Bernhard Shaw, Oscar- und Nobelpreisträger

5 Für die jüngeren Leser: Das hat nichts mit Heidi Klum zu tun.
6 Für die älteren Leser: Das hat nichts mit Harald Juhnke zu tun.

zu erheben, sind ihm nämlich keinerlei hinderliche Emotionen dabei im Wege, immer und überall völlig nüchtern handelnd sein Eigeninteresse zu maximieren. Er handelt völlig rational.

»So ist der Mensch doch gar nicht« – sagen Sie? »Der Mensch ist ein soziales Wesen« – sagen Sie? »Den Menschen so abstrakt zu betrachten bringt doch gar nichts« – sagen Sie?

»Stimmt« – sagen die Ökonomen. Dieser Muster-Mensch dient im ökonomischen Modell auch nicht dazu, individuelles Verhalten, sondern vielmehr gesellschaftliche Phänomene zu erklären. Er stellt also ein Abbild einer ganzen Gruppe dar, zum Beispiel *die* Käufer oder *die* Verkäufer.

»Eigensinn macht Spaß«
Hermann Hesse, Steppenwolf

»Stimmt nicht« – sage ich. Der Mensch ist so! Mit allem, was er tut, strebt er danach, seinen persönlichen Nutzen zu maximieren. Der Egoist genauso wie der Altruist. Denn Letztgenanntem ist es ein Quell der Freude, anderen zu helfen. Die scheinbar selbstlose Tat verschafft ihm persönliche Befriedigung, etwas Gutes getan zu haben. Eine klassische Win-win-Situation – wenn die Oma, die man gerade über die Kreuzung geschoben hat, die Straßenseite auch wirklich wechseln wollte oder der beste Kumpel Ihre gutgemeinten Ratschläge nicht schon längst satthat.

Jedoch ich höre bereits Ihren Einwand: Aber bei Gefühlen, Zuneigung, Liebe spielt doch ökonomisches Kalkül keine Rolle. Wirklich nicht?

An dieser Stelle muss sich der Verfasser gleich bei dem einen oder der anderen frisch Verliebten entschuldigen, aber die Tatsache als solche ist unumstößlich: Auch die Partnerwahl ist nichts anderes als angewandte Ökonomie. Vielleicht ist auch ein Hauch Chemie und eine Winzigkeit Biologie mit im Spiel, bei den Männern vielleicht noch etwas Mechanik, im Vordergrund aber steht ohne jeden Zweifel eine ökonomische Kosten-Nutzen-Entscheidung.

Zunächst stellt sich das Problem der Informationsbeschaffungskosten. Alle Informationen zu sammeln, derer man theoretisch habhaft werden könnte, um die optimale Partnerauswahl zu treffen, käme bei knapp sieben Milliarden Erdlingen, von denen rein rechnerisch ungefähr die Hälfte zur Disposition stünde, einer Sisyphus-Arbeit gleich. Beiderlei Geschlechtern zugewandte Zeitgenossen und -innen müssten sogar jeden auf Herz und Nieren prüfen. Der Zeitaufwand wäre in einem menschlichen Leben, womöglich noch innerhalb der fortpflanzungsfähigen Jahre, nicht zu stemmen. Und wenn, wären die Informationsbeschaffungskosten unermesslich hoch.

Durch einen Kunstgriff können wir allerdings dieses Optimierungsproblem verkleinern, indem wir uns vor Augen halten, dass natürlich nicht alle der 3,5 Milliarden andersgeschlechtlicher Personen als potenzielle Fortpflanzungspartner/innen infrage kommen. Eine Beispielrechnung soll dies verdeutlichen: »Männlich, ledig, fortpflanzungswillig, deutsch, mittleren Alters mit einem Jahreseinkommen um die 50.000 Euro sucht ...«

Von der Ausgangsgröße von circa 3,5 Milliarden fallen 1,5 Milliarden weg, da sie ihre persönliche Familienplanung abgeschlossen haben (Menopause) oder zu jung sind, will man nicht mit dem Gesetz in Konflikt geraten oder sich lächerlich machen (Letzteres gilt nicht für Lothar Matthäus). Rest: Zwo Milliarden. Von denen sind statistisch circa zehn Prozent der gleichgeschlechtlichen Liebe zugetan, womit weitere 200 Millionen gestrichen werden müssen. Rest: 1,8 Milliarden. Unüberwindliche religiöse Differenzen: minus 700 Millionen. Rest: 1,1 Milliarden. Davon bereits an jemanden mit deutlich höherem Gehalt gebunden: 400 Millionen. Rest: 700 Millionen. Davon deutschfeindlich aufgrund der beiden Weltkriege: 630 Millionen. Rest: 70 Millionen. Davon deutschfeindlich aufgrund der beiden Weltkriege und darüber hinaus, weil die zwar die Weltkriege zu gewinnen pflegen, dafür aber im Fußball immer gegen uns verlieren (England): 25 Millionen. Rest: 45 Millionen. Aufgrund mangelnder Bereitschaft, der Liebe wegen in Gegenden umzuziehen, in der sich Eisbären, Walrösser und Polarfüchse »Gute Nacht!« sagen (Sibirien, Alaska, Grönland), fallen weitere 19.365.000 durch den Rost. Rest: 25.635.000. Davon Holländer, denen sich schon der Magen umdreht, wenn ihre Königinnen mal wieder einen Deutschen heiraten und sie außerdem in ihrer Nationalhymne »ben ik van Duitsen bloed«[7] singen müssen: 8,25 Millionen. Rest: 17.385.000. Unüberwindliche Sprachbarrieren, die eine Annährung unmöglich machen (Bayern, Sachsen): 8,35 Millionen. Rest: 9.035.000. Davon aufstrebende Jungakademikerinnen, die sich Ehe, Kinder und das ganze Brimborium vielleicht, aber nur ganz vielleicht mal irgendwann ab Mitte vierzig vorstellen können: 4.093.541.[8] Rest: 4.941.459. Von denen sind 4.941.457 mal sehr verletzt wor-

7 »bin ich von deutschem Blut«
8 Vgl. »Demografischer Wandel«

den und wollen mit Männern im Leben nichts mehr zu tun haben. Rest: 2. Von der einen haben Sie leider vor 20 Jahren den Zettel mit deren Telefonnummer verloren, die andere wohnt bei Ihnen und träumt von Leonardo DiCaprio.

Und selbst wenn wir in der Lage wären, all das objektive Wissen auf uns zu vereinen, das uns zur optimalen Partnerwahl befähigen würde, würden unsere Hormone dafür sorgen, dass wir die bekannten Informationen völlig falsch bewerten. Wie man es dreht und wendet: Der eigene Partner ist immer nur eine Second-Best-Lösung.

Sitzen Sie jetzt gerade bei einem gemütlichen Leseabend mit der Partnerin oder dem Partner Ihrer Wahl im Wohnzimmer auf der Couch, stecken gemeinsam die Riechorgane ins Buch oder lesen sich gar mit verteilten Rollen aus dem von mir hier vorgelegten Machwerk vor? Dann habe ich an dieser Stelle einen brandheißen Tipp für Sie: Lassen Sie sich nichts anmerken, entspannen Sie sich. Atmen Sie in tiefen, ruhigen Zügen und blicken Sie ganz interessiert GENAU HIERHIN – und keinesfalls zur Seite!

☺

Alles andere gibt nur Ärger – mit der B-Ware neben Ihnen.

Man kann sich also nur einen begrenzten Überblick über die infrage kommenden potenziellen Partner verschaffen. Was ja gar nicht ausschließen muss, dass man den Rest seiner Tage glücklich und zufrieden verbringt. Auf jeden Fall aber ist es ökonomisch effizienter, als jeden der fünf Kontinente abzugrasen.

Hat man den/die Auserwählte(n) einmal gefunden, steht die Investition der sogenannten Balz- und Werbungskosten ins Haus, die von etwaigen Erträgen in Abzug zu bringen sind. Beispielhaft seien hier Kinokarten, Kosten für Mitbringsel der floralen Art oder die Rechnung im Restaurant genannt. Selbstverständlich fließen in dieses Kalkül ebenso immaterielle Kosten ein wie die Überwindung, dem Wunsche der Angebeteten zu entsprechen, »doch mal Minigolf spielen zu gehen«.

Eine derartige Investition sollte jedoch nicht unterschätzt werden, denn ein alter Kaufmannsgrundsatz lautet: Keine Buchung ohne Gegenbuchung. Die Auserwählte kann nämlich auf der Ertragsseite im Gegenzug ein Informationsgut verbuchen. Seine Bereitwillig- oder sollte man besser sagen Folgsamkeit signalisiert ihr: Du bist mein Augenstern. Mein Ein und Alles. Das Liebste, das ich fand.

Ein stärkerer Liebesbeweis wäre höchstens und wenn überhaupt durch das Entreißen der Liebsten aus den Fängen einer schrecklichen Räuberbande oder die Bezwingung eines Drachen möglich. Da Passwort-Phishing im Internet und Aktiengeschäfte mit Insiderwissen sich mittlerweile als einträglicher und risikoloser als Jungfrauenraub herausgestellt haben, hat sich das Gros der zeitgenössischen professionellen Räuberbanden mittlerweile auf erstgenannte Geschäftsfelder verlegt. Deshalb, und in Ermangelung eines leibhaftigen Drachen, hat sich das Minigolfen als Liebesbeweis ersatzweise eingebürgert.

Umgekehrt bucht sie es beispielsweise nach einem romantischen Essen mit anschließendem ausgelassenem Kneipenbummel auf der Kosten-Seite ab, ihrem lallenden und schwankenden Begleiter den Weg zum Taxi zu weisen, wenn er sich im Laufe des Abends etwas zu viel Mut angetrunken hat. Kosten und Nutzen!

Das Max-Planck-Institut hat gar im Rahmen einer Studie herausgearbeitet, dass die Partnerwahl entscheidungstheoretisch die gleiche Situation ist wie beim Gebrauchtwagenkauf. Man erstellt ein Wunschprofil und schätzt auf Basis seiner individuellen Marktkenntnisse die Kosten für dessen Erfüllung ab: »Was hätte ich gern? Und was muss ich dafür investieren?« BMW, nicht mehr als 30.000 Kilometer gelaufen[9], gepflegter Zustand. Hier ist allerdings auf einige Unterschiede im Detail hinzuweisen. So ist bei einem gebrauchten Automobil zum Beispiel anhand der Eintragungen im Kraftfahrzeugbrief ersichtlich, wer das gute Stück in der Vergangenheit zu chauffieren beliebte. Hier sollte man im Zusammenhang mit der Partnerwahl besser erst gar keine Auskünfte erfragen oder umgekehrt nur unvollständige erteilen. Versteckte Mängel erkennt die Käuferseite sowieso noch früh genug.

»Egoismus ist die Zärtlichkeit der Ellenbogen«
Norman Mailer, Brief- und Bücherschreiber

Damen auf der Anbieterseite tun dabei alles, um ihren Marktwert zu steigern. Zu diesem Zwecke wird hier allerdings nicht die ADAC-Zeitschrift, sondern medizinische Fachliteratur gewälzt. Vorzugsweise *Brigitte*, *Vogue*, *Marie Claire* und ähnliche Druckerzeugnisse mit den neuesten Fri-

9 Wie der Volksmund formuliert. Selbstredend müsste es eigentlich »gefahren« heißen.

suren und Diättipps. In Einzelfällen soll dies im Ergebnis gar dazu geführt haben, dass Singlefrauen nur noch fettarme Lippenstifte benutzen, um ihr Weight-Watchers-Punktekonto nicht unnötig zu belasten; die Übrigen beschränken sich auf die völlig normalen Aktivitäten im Rahmen des Gebrauchtwagenhandels: Regelmäßig in die Waschanlage, kleinere Schönheitsreparaturen im Nagelstudio, Tacho zurückstellen auf der Wellnessfarm.

Die holde Männlichkeit ist in der Regel mit dem eigenen Angebot in vollem Umfang zufrieden. Oftmals aufgrund völliger Fehleinschätzung des eigenen Marktwertes. Selbst äußerst adipöse Modelle (dicker Brummi), notorische Stubenhocker (Garagenfahrzeug) oder dem Alkohol im Übermaß Zugeneigte (Tanklaster) pflegen sich selbst als Spitzenangebot zu sehen, obwohl hier eigentlich längst eine Abwrackprämie fällig wäre.

Und um sich von mehr als den äußeren Qualitäten des angebotenen Gutes zu überzeugen, bleibt auch hier letztlich die Probefahrt.

Also wirklich alles nur eine schnöde Kosten-Nutzen-Entscheidung zur Maximierung der eigenen Bedürfnisbefriedigung? Sogar die romantischste aller Entscheidungen im Leben? Und was ist mit den vielen Beziehungen und Ehen, die weiterbestehen, obwohl der TÜV bei genauerem Hinsehen schon längst die Betriebserlaubnis eingezogen hätte? Auch die dient letztlich nur der eigenen Nutzenbefriedigung – man kann sich halt nicht von dem alten Schätzchen trennen.

Die Rente ist sicher:

Demografischer Wandel

»Die Rende is sischä!«[10], wusste dereinst Norbert Blüm, allseits liebevoll nur *Nobbi* geheißen, gebetsmühlenartig auszurufen. Der Mann musste es wissen. Schließlich war er von 1982 bis 98 Bundesarbeitsminister. Damit war er nicht nur der einzige Minister, der die gesamte Regierungszeit Helmut Kohls im Amte war, er hat damit auch einen Pensionsanspruch von über 10.000 Euro erworben. Seine Rente jedenfalls ist sicher.

> **»Übers Älterwerden habe ich nie nachgedacht«**
> Uschi Glas, Schätzchen

Und mit zehn Mille, die Monat für Monat auf dem Konto eintrudeln, kann man sogar die eine oder andere Nullrunde mehr recht als schlecht überstehen.

Für alle, die nicht 16 Jahre lang Minister waren, sieht es dagegen etwas mau aus. Und das wird in Zukunft noch etwas mauer. In Deutschland sterben nämlich mehr Menschen als neue geboren werden. Eine schlechtere Quote aus Geburten- und Sterberate hat in ganz Europa nur der Vatikan vorzuweisen – zumindest in der offiziellen Statistik. Während die

10 Für alle des hessischen Zungenschlages nicht mächtigen Leser: »Die Rente ist sicher!«

Geistlichen in Rom allerdings ihre Reihen immer wieder aufzufüllen wissen, werden wir immer weniger. Für das Jahr 2050 rechnet das Statistische Bundesamt nur noch mit ungefähr 70 Millionen Inländern. Die Deutschen sterben aus. Kein Problem – wenn es die Richtigen trifft, oder?

Das heißt nämlich auch, es gibt endlich mehr freie Parkplätze, im Supermarkt sind die Schlangen an den Kassen nicht mehr so lang, und der Berufsverkehr entspannt sich merklich.

Rosige Zeiten also. Wenn da nicht sauertöpfische Mahner und Bedenkenträger wie der FAZ-Mitherausgeber Frank Schirrmacher (*Das Methusalem-Komplott*) nicht müde würden, darauf hinzuweisen, dass wir nicht nur insgesamt weniger werden, sondern gleichzeitig der Anteil der Rentner größer.

Und die werden darüber hinaus auch noch immer älter. Die guten alten Zeiten, in denen der Zechenkumpel nach 40 Jahren unter Tage mit 65 den Abbauhammer abgegeben hat und zwei Jahre später den Löffel, sind vorbei. Weshalb Warner schon heute den Zeigefinger erheben und darauf hinweisen, dass unser Rentensystem »Umlageverfahren« heißt, weil es auf Dauer nur funktionieren kann, wenn schleunigst die Geburtenrate steigt, oder man andererseits den einen oder anderen Rentner umlegen muss. Mümmelgreise werden quasi in Zukunft die einzige Bevölkerungsgruppe sein, die sich überhaupt noch vermehrt.

Während frühere Generationen von Privatiers ihre Zeit noch mit Rentnerschach im Park oder Entenfüttern am selben Ort zubrachten – außer samstags, da musste man Einkaufen gehen und den Werktätigen, denen nur der Sonnabend dafür blieb, mit der Einkaufskarre in die Hacken fahren –, werden im Jahr 2050 auf eine Ente fünf Rentner kommen. Dies wird allerdings nicht dazu führen, dass die Enten in Saus und Braus leben, da aufgrund der Höhe (oder sollte man besser sagen Tiefe?) der Renten die Ruheständler selbst für jede Krume dankbar sein werden.

Seit unsere heutigen Ruheständler als Unternehmensberater im Osten nichts mehr zu tun haben, weil die DDR-Betriebe im Großen und Ganzen abgewickelt sind, geht Otto Normalrentner zu Hause doch sowieso nur seiner zukünftigen Witwe mit aus dem Fernsehsessel vorgetragenen Optimierungsvorschlägen für den Haushalt[11] auf die Nerven oder terrorisiert seine Enkel mit *Werthers Original*-Bonbons[12].

»Die Sonnenbrille ist mein mobiler Lidschatten. Durch sie sieht alles ein bisschen jünger und schöner aus«
Karl Lagerfeld, Stilikone

Um diese interfamiliären Spannungen zu vermeiden, hat die Bundesregierung beschlossen, das Renteneinstiegsalter auf 67 heraufzusetzen. Vorerst. Die ersten Stimmen werden bereits laut, die einer Erhöhung auf 69 Jahre nicht im Wege stehen würden. Bis ein heute Zwanzigjähriger, der heute noch seinen Opa aus dem Schaukelstuhl und von duften Kriegserlebnissen berichtend kennt (»Eigentlich wollten die mich zur U-Boot-Mannschaft stecken, aber ich hab' denen gesagt, ich kann nur bei offenem Fenster schlafen!«), 67 ist, liegt das Renteneinstiegalter bei 92.

11 Vgl. »Arbeitsproduktivität«
12 Die hießen früher *Werthers Echte*, schmeckten da aber auch schon wie eingeschlafene Füße.

Und falls der auf die Idee kommen sollte, mit 85 die Frührente zu beantragen, kann man ihm höhere Abschläge verpassen.

Was ein herber Verlust für die Firma wäre, denn ein siebenundachtzigjähriger Mitarbeiter verfügt schließlich über in langen Dienstjahren erworbene Erfahrung und technisches Know-how, das einem siebzigjährigen Jungspund total abgeht. Motto: Die Jungen laufen schneller – aber die Älteren kennen die Abkürzung!

Wundern wir uns also nicht, wenn ein Marketing-Meeting im Jahr 2042 aussieht wie weiland eine Tagung vom Politbüro des Zentralkomitees der SED.

»Heut' geh'n wir ins Maxiiiim …«
Johannes Heesters, Methusalem

Auch bei heutigen Marketingstrategen ist vor dem Hintergrund des demografischen Wandels schon ein Umdenken spürbar. Umfragen ergaben, dass die Firmen gerade in der Unternehmenskommunikation in Zukunft neue Wege gehen wollen. Hintergrund ist, dass heutige Pensionäre, allen realen Rentenkürzungen zum Trotz, über immense Kaufkraft verfügen. Man ist halt sparen gewöhnt – es gab ja nichts. Und an dieses Geld muss man ran! Da aber die überwiegende Mehrheit der heutigen Ü60-Generation sich noch mit dem Besuch der Volksschule bescheiden musste und daher der englischen Zunge nur unzureichend mächtig ist, erreicht man sie nicht mit Werbeslogans à la *Have a Break, Have a Kitkat, It's Time to Change* oder *Die Bahn kommt*. Gut, Letzterer ist nicht direkt englisch – aber deshalb auch nicht glaubhafter.

Den Vogel abgeschossen hat in diesem Zusammenhang vor einiger Zeit die Parfümeriekette *Douglas*, die mit dem Spruch *Come In and Find Out* warb. Und nicht nur ältere Kunden verstanden dies als Aufforderung, hereinzukommen und wieder herauszufinden.

Allerdings kann man auch im eigentlich vorbildlichen Fall, seinen Fernsehspots das Credo »Man spricht deutsch« zu verpassen, übers Ziel hinaus schießen. So geschehen bei der Firma *Meica*, die die bekannten *Deutschländer Würstchen* anbietet. In einem Werbespot fragte der Metzgerlehrling den Metzgermeister: »Meister, warum heißen die Deutschländer eigentlich Deutschländer?« Und dieser wusste zu berichten, dass dort eben das Beste aus deutschen (!) Landen drin ist. Daher sind sie zart wie Bockwürste, würzig wie Frankfurter und knackig wie Wiener. Eine Werbung, die augenscheinlich nicht nur auf die ältere Zielgruppe abgestimmt war, sondern auf die viel ältere. Sozusagen auf die ewig gestrige.

Zentrales Problem des demografischen Wandels bleibt jedoch, dass keine Nachkommen nachkommen. Dabei sehen Frauen gerade Kinderliebe als Attraktivitätsmerkmal. Die Wissenschaft hat festgestellt, dass Frauen schon beim Blick ins Gesicht eines Mannes erkennen, ob er Interesse an Kindern, also einer Vaterschaft, hat oder nicht. Was sie nicht am Gesicht erkennen, ist, ob der Mann dieses Interesse schon eingehend vertieft hat. Das erkennt man jedoch an den grauen Haaren und der ärmlichen Kleidung.

Viele potenzielle Eltern schrecken heute angesichts der horrenden Kosten dieses genetischen Freilandexperiments vor der Durchführung zurück. Ein Kind kostet die Eltern heute um die 200.000 Euro – bis die Brut dann mal im Alter von 36 von zu Hause auszieht. Oftmals nicht freiwillig, sodass die Eltern eine Räumungsklage durchfechten müssen. Eigenbedarf – Mutti will hier bügeln!

Kleine Kinder, kleine Sorgen. Große Kinder, große Sorgen! Man will ein Kind haben, aber ehe man sich es versieht, hat man einen Erwachsenen am Hals.

Zunächst sind die Kleinen ja noch ganz possierlich anzuschauen. Alsbald beginnen sie jedoch, die Tischdecke runterzureißen, die Wände mit Filzstift zu verschönern und einem Löcher in den Bauch zu fragen. »Wer macht das Licht im Kühlschrank aus? Wie kommt die Zahnpasta in die Tube? Kommt das Wort Lebensgefährtin wirklich von Lebensgefahr? Warum tun alle Fische zwar laichen, aber nur wenige Leichen fischen? Leben auf dem Mond auch Menschen?« Und auch eine glasklare Antwort wie »Nein, auf dem Mond leben keine Menschen«, fordert sie dazu heraus, weiter ins Detail gehen zu wollen: »Warum nicht?« Warum nicht? »Wahrscheinlich, weil da sonst bei Halbmond ein unheimliches Gedrängel wäre.« Ist zwar wissenschaftlich nicht ganz korrekt, verschafft aber erstmal ein paar Jährchen Ruhe.

Außerdem wird die Kindheit immer kürzer heutzutage. Heute werden schon Dreizehnjährige bei den Erziehungsberechtigten vorstellig und wollen die Pille haben. Und wenn die dann als interessierte Beobachter mal nachfragen, hören sie zur Begründung: »Och, es ist jetzt zwei Jahre lang gutgegangen – aber ich will mein Glück ja nicht herausfordern!«

Womit ein weiteres Defizit auf der Einzahlerseite bei den Rentenkassen entsteht. Daher muss das Kinderkriegen übers Kindergeld und sonstige monetäre Anreize wie die Akademikerinnen-Wurfprämie der ehemaligen *Bundesministerin für Familie, Senioren, Frauen und Jugend* hinaus attraktiver gemacht werden. Hier könnte die moderne Medizin Abhilfe schaffen. Die schon heute vorhandenen Möglichkeiten müssen voll in den Dienst der Rentensicherung gestellt werden. Wer will denn heute noch angesichts der schlechten Beispiele bei *Die Super Nanny*, wenn die Querschläger der Natur schreiend in der Wuthöhle hocken, ein genetisches Roulette riskieren?

Potenzielle Rentenkasseneinzahlerproduzenten müssen mit mehr medizinischen Gestaltungsmöglichkeiten angereizt werden! Haarfarbe, Geschlecht, Schuhgröße müssen bestellbar werden. Vielleicht sogar auf Krankenschein – wenn auch nur gegen Zuzahlung.

Sex findet weiterhin im Bett statt, oder welchem stillen Örtchen man sonst im Sinne Henry Millers gerne mal den Vorzug gibt, Fortpflanzung im Labor. Das Designerbaby als Investition in die Rentensicherung.

Hier muss die Bundesregierung ein klares Zeichen setzen. Beispielsweise mit der Installation eines Staatssekretärs für Nachwuchspflege. Allerdings nicht angesiedelt im Familien-, sondern im Verbraucherschutzministerium. Denn was passiert bei Nichtgefallen, wenn die Konfektionierung des Produkts im Rahmen der individuellen Embryo-Genese von der Bestellung abweichend ausgeführt wurde und damit vertraglich zugesicherte Eigenschaften fehlen? Beispielsweise, wenn ein ruhiges Kind mit nächtlichen Durchschlafeigenschaften geordert, aber eine Laune der Evolution in Form einer Miniausgabe von Verona Poth, die Gisela Schlüter der Neuzeit, geliefert wurde? Mit

»Mit 66 Jahren, da fängt das Leben an«
Udo Jürgens, Zehnjähriger

Nachbesserung der gelieferten Ware haben Sie da schlechte Karten, weil ein eugenisches Nachkarten in der Post-Vitalisierungsphase bei einem derartigen Artikel *natürlich* ausgeschlossen ist. Und *unnatürlich* eben auch. Hier ist der Gesetzgeber ein weiteres Mal gefragt.

Selbstverständlich heißt es dann bei Onkels, Tanten, Ommas, Oppas und sonstigen Taufgästen nicht mehr beim Anblick des neuen Erdenbürgers: »Och, schau mal die Nase vom Marvin-Leon-Luca – ganz der Papa!« Dann staunt die Verwandtschaft: »Ui, der war aber bestimmt teuer. Seid ihr denn verrückt? So viel Geld! Der ist doch aus der Sommerkollektion von Lagerfeld, oder?«

»Man kann sein Geld nicht schlechter anlegen als in ungezogenen Kindern«
Wilhelm Busch, Moritz

Und irgendwann wird es dann in der Tagesschau heißen: »Hückeswagen: Heute kam das letzte in der pränatalen Phase genetisch ungesteuerte Baby zur Welt. Herstellerin und Produkt sind wohlauf. Berlin: Die Renten sind sicher.«

Nobbi Blüm hat übrigens 1985 den *Orden wider den tierischen Ernst* erhalten, 1986 den *Karl-Valentin-Orden* und 2000 den *Münchhausen-Preis* (!).[13] Was für ein Spaßvogel!

13 Ich schlage hiermit vor, dafür die versammelte Jury des Münchhausen-Preises ihrerseits mit dem *Orden wider den tierischen Ernst*, der *Goldenen Clownsnase am Bande* und der *Eisernen Fahrradkette im Gesichte* sowie Norbert Blüm dann später mal posthum mit der *Hölzernen Pinocchio-Nase* auszuzeichnen.

»In the long run we are all dead!«

Keynesianismus

Wenn ein examinierter Ökonom heutzutage auf einer bis dato schwungvollen Party auf der Bildfläche erscheint und auf die scheinbar belanglose Small-Talk-Frage eines zufällig ebenfalls in die heiße Schlacht am kalten Buffet involvierten Partygastes, was er denn so beruflich mache, freudestrahlend und hellklingend verkündet, dass er Wirtschaft studiert habe, werden ihm nicht selten die Rücken zugewandt. Menschentrauben, die sich bis vor wenigen Sekunden noch angeregt unterhalten haben, stieben auseinander, und liebe Personen, die er lange nicht gesehen hat und denen er viel zu erzählen hätte, haben plötzlich unaufschiebbare Termine, die ihnen zum Glück noch in letzter Sekunde eingefallen sind. Kurz und gut, in der allgemeinen Bevölkerung herrscht der Irrglaube vor, mit Wirtschaft hätte nichts am Hute, wer nicht an der Börse spekuliert, Warentermingeschäfte tätigt oder zumindest Büsumer Krabben zum Schälen nach Marokko schifft. Jein, denn Ökonomie ist nicht nur Geld, Bruttonationaleinkommen, Wachstum etc. pp. Vielmehr ist das ganze Leben tagtäglich, stündlich, ja minütlich von ökonomischen Entscheidungen angefüllt, da jeder Mensch ständig Entscheidungen unter der Abwägung von Kosten und Nutzen fällt. »Lese ich dieses Buch weiter, oder lege ich es weg und diskutiere mal auf elementarer Ebene mit meiner Partnerin/meinem Partner?« ist die Entscheidung, die Sie gerade konkludent, das heißt durch schlüssiges Handeln, treffen. Ob Sie sich großen Nutzen vom Verbleib bei der Lektüre dieses Buches versprechen oder schlichtweg gar keinen von der oben aufgezeigten Alternative, entzieht sich naturgemäß der Kenntnis des Autors.

Aber eben jene Entscheidung zwischen verschiedenen Optionen hat der große George Bernhard Shaw in einfachen und wenigen Worten auf den Punkt gebracht, als er uns ins Stammbuch, besser ins gleichnamige -hirn, geschrieben hat: »Ökonomie ist die Kunst, das Beste aus dem Leben zu machen.«

Wenn es doch so einfach wäre. Man bräuchte nicht mehr jahrelang die Uni zu besuchen, um an sein Diplom zu kommen, und die Unternehmer könnten endlich Zweiundzwanzigjährige mit abgeschlossenem Studium einstellen. Aber ganz so einfach ist es dann doch nicht. Besonders dann nicht, wenn die große Welt der Ökonomie aus den Fugen gerät; Banken keine Kredite mehr vergeben, die Arbeitslosigkeit steigt und Politiker ratlos sind, aber das nicht zugeben wollen. Das ist die große Stunde der Wirtschaftsexperten, derer, die sich dafür halten, und jener, die dafür gehalten werden.

Fliegen in den USA von Muselmanen gekaperte Flugzeuge mitten ins World Trade Center und in das amerikanische Verteidigungsministerium, gilt jeder als Islamkenner, der schon mal in Antalya Urlaub gemacht oder zumindest in Berlin-Neukölln einen Döner gegessen hat.

Abends dürfen sie in ARD und ZDF, RTL und SAT.1, n-tv, N24 und wie sie alle heißen, ihre Einschätzung zur aktuellen Bedrohungslage, den Motiven der Terroristen oder den vermeintlichen Drahtziehern absondern. Nichts Genaues weiß man nicht, aber schön, dass man mal drüber geredet hat. Hauptsache, man hat was zum Senden.

Spielt in der westlichen Welt offensichtlich irgendwer oder irgendwas im Wirtschaftskreislauf verrückt, wird jeder, der schon mal eine Nacht im *Warsteiner-Stübchen*, dem *Köpi-Eck* oder der *Krombacher-Klause* an der Theke verbracht hat, als Wirtschaftsexperte vor die Fernsehkamera gezerrt, der nicht bei drei auf den Bäumen ist. Sind unsere Spareinlagen noch sicher? Was bedeutet das für den Export? Wie viele Arbeitsplätze gehen dadurch verloren? Nichts Genaues weiß man zwar nicht, aber schön, dass man mal drüber geredet hat. Hauptsache, man hat was zum Senden.

In der Frühzeit der ökonomischen Forschung wäre die Antwort einfach gewesen. Da ging man nämlich davon aus, dass Arbeits-, Güter- und Geldmarkt langfristig automatisch einem Gleichgewicht zustreben würden. Klar. Die Arbeitslosen verhungern, schon hat man wieder Vollbeschäftigung.

Genau darüber hat sich nach der großen Weltwirtschaftskrise Ende der Zwanzigerjahre des vorigen Jahrhunderts ein gewisser John Maynard Keynes Gedanken gemacht. Und nicht nur das. Er hat sie sogar aufgeschrieben. Dass sich auf den Märkten langfristig mal irgendwann ein Gleichgewicht einstellen würde, interessierte ihn dabei wenig. Denn langfristig, so Keynes, sind wir sowieso alle tot (»In the long run we are all dead«).

Nicht nur wegen dieser wahrhaft philosophisch anmutenden Feststellung, sondern vor allem aufgrund der von ihm vorgelegten *General Theory*[14] gilt er bis heute als einer der bekanntesten und einflussreichsten Ökonomen. Und sein vorgenanntes Elaborat bis heute als eine Art »Heilige Schrift«. Und so wie man in Ländern christlich verwurzelter Zeitrechnung »vor Christi« und »nach Christi« sagt, beschreibt Keynes' Schmöker eine durchaus vergleichbare Zäsur in der ökonomischen Forschung.

»Eher legt sich ein Hund einen Wurstvorrat an als eine demokratische Regierung eine Budgetreserve«
Joseph Alois Schumpeter, Durchblicker

Der gute Mann hat also gezeigt, dass trotz Gleichgewichtszuständen auf anderen Märkten der Arbeitsmarkt trotzdem im Ungleichgewicht verharren kann. Sich dort also trotzdem kein Gleichgewicht von Arbeitsangebot und Arbeitsnachfrage einstellt. Gut, da hätte man freilich auch selbst drauf kommen können. Denn die Produkte der Unterbeschäftigung sitzen zuhauf mit Schnapsflaschen am Bahnhof. Und es darf mehr als bezweifelt werden, dass da jemand bei 3,7 Promille noch einem Gleichgewicht zustrebt.

Keynes war daher der Meinung, dass der Staat in konjunkturell guten Zeiten seine Ausgaben drosseln sollte, um eine Überhitzung abzudämpfen, in Krisenzeiten hingegen Nachfrageausfälle der privaten Konsumenten durch die

14 Vollständiger Titel: *Allgemeine Theorie der Beschäftigung, des Zinses und des Geldes* (Originaltitel: *The General Theory of Employment, Interest and Money*), 1936

Ausweitung staatlicher Nachfrage ausgleichen sollte. Das nennt man *Antizyklisches Verhalten*. Um als Nachfrager einzuspringen, bei uns heute gern *Konjunkturprogramm* genannt, braucht der Staat Geld. Dieses nimmt er durch Steuern ein. Und zwar bei guter Wirtschaftslage etwas mehr, in der Rezession etwas weniger. Um also in der Krise der Wirtschaft unter die Arme greifen zu können, muss die Regierung vorher etwas auf die hohe Kante gelegt haben. Unsere Oma hätte die Keynesianische Theorie also etwas verkürzt folgendermaßen auf den Punkt gebracht: Spare in der Zeit, dann hast du in der Not.

Leider denken Politiker nicht in großen menschheitlichen Zusammenhängen, sondern nur bis zum nächsten Wahltermin. Sie sehen ihren persönlichen Nutzen maximiert, wenn die nächste Wahl gewonnen wird. Also wären sie doch schön blöd, wenn sie in ihrer Amtszeit Rücklagen bilden würden, aber dann nicht wiedergewählt werden, weil die Bevölkerung wegen der guten Haushaltslage nach Steuersenkungen schreit oder einzelne Gruppen nach stattlichen staatlichen Hilfen. Schließlich will jeder einen Schluck aus der Pulle, wenn sie gerade mal auf dem Tisch steht. Und wenn der Finanzminister nicht bald den Korkenzieher rausrückt, gibt es Rabatz. Also werden munter Wahlgeschenke verteilt und die Kohle mit vollen Händen ausgegeben.[15]

Aber wehe, wehe, wehe, wenn ich auf das Ende sehe! Das Ende des Aufschwungs ist der Anfang der Rezession. Und dann erinnern sich Politiker plötzlich gern an Keynes. Hat-

15 Vgl. »Lieber fünf Prozent mehr Inflation als fünf Prozent mehr Arbeitslosigkeit«

te der nicht gesagt, man solle die Staatsquote erhöhen, um den Abschwung abzufedern? Wird gemacht. Auf Pump.

Und so wie auf Regen der Sonnenschein folgt und auf die dunkle Nacht der helle Tag, folgt im ganz normalen Verlauf der Konjunkturzyklen nach den Ab- auch wieder der Aufschwung. Nun wäre es an der Zeit, die Schulden zurückzuzahlen. Ein echtes Dilemma für so eine Bundesregierung. Soll man weise, verantwortungsvoll und um Generationen vorausschauend handeln, oder will man wiedergewählt werden? Einmal dürfen Sie raten, wie die Antwort ausfällt!

Wenn es nicht bereits 1946 geschehen wäre, Keynes würde heute tot umfallen angesichts der vor allem sozialen Ungleichgewichte, die unter Berufung auf ihn angerichtet wurden.

Vor Keynes glaubte man übrigens auch, die *Invisible Hand*[16] würde schon fürs Gleichgewicht sorgen. Diese *Unsichtbare Hand* ist so eine Art Platzhalter für alles und nichts. Eine Blackbox. Man weiß nur, was hineingeht und herauskommt. Was drinnen passiert, bleibt im Dunklen. Also so eine Art Darkroom. Drinnen geht die Post ab, aber draußen steht man wie der Ochs vorm Berg. Zugegebenermaßen eine nicht ganz glücklich gewählte Metaphorik, denn der Ochse wäre ja aufgrund seiner ihm angetanen körperlichen Unzulänglichkeit im Darkroom sowieso zur Untätigkeit verdammt, aber »das Rind vorm Berg« hat sich sprachlich nun einmal nicht durchgesetzt.

Ein interessantes Phänomen, das längst nicht auf die

16 *Die unsichtbare Hand* – nicht zu verwechseln mit *Die grüne Hand* von Edgar Wallace.

Wirtschaftswissenschaft beschränkt ist. Wenn der Mensch sich etwas nicht erklären kann, muss Gott herhalten. Wenn der Ökonom nicht weiterweiß, war es die *Unsichtbare Hand*. Oder ein *Externer Effekt*. Oder man erfindet einen neuen Begriff, setzt eine Prämisse, schreibt ein Buch, kriegt den Nobelpreis[17] und lacht sich kaputt.

Das eigentliche Phänomen ist jedoch: Diese Konstrukte funktionieren! Nicht real, aber viele glauben dran. Meine Oma war zum Beispiel so gottesfürchtig, dass sie zu mir früher immer gesagt hat: »Junge, lass bloß abends die Hände über der Bettdecke!« Da hätte ich mir eine unsichtbare Hand gewünscht.

Und mit gestrenger Stimme setzte sie hinzu: »Denk dran: Der liebe Gott kann dich dabei aus dem Himmel sehen!« Nun ja, habe ich gedacht, wem kann er es schon erzählen?

John Maynard Keynes vielleicht. Der ist nämlich bereits im Jahr 1946 nach Christi verblichen. Vermutlich sitzt er nun, zusammen mit Karl Marx, der Keynes bereits in dessen Geburtsjahr 1883 vorausgegangen war, auf einer Wolke, sie schauen herab, gucken sich an, schauen wieder herab – und beide fragen sich, wie man sie nur so gründlich missverstehen konnte.

17 Vgl. »Wirtschaftswissenschaft«

Putziger Waldbewohner mit drei Buchstaben:

DAX

Bei Goethe heißt er Grimbart – aber da heißt der Fuchs ja auch nicht etwa Anke, wie die Bundesministerin für Jugend, Familie und Gesundheit a. D. und ehemalige Bundestagsvizepräsidentin, sondern Reineke. Hier soll aber gar nicht vom possierlichen, hundeartigen Mardertier die Rede sein, sondern – Sie ahnen es bereits – vom Deutschen Aktienindex.

Aber DAX ist heute nicht gleich DAX. Nebenbei gibt es noch MDAX, SDAX und TecDAX als wichtigste Indizes. Während im DAX die dreißig größten deutschen Unternehmen erfasst sind, steht der MDAX für die Entwicklung der Aktienkurse der mittleren, der SDAX für die kleineren. Wie bei den Pullovergrößen – außer, dass man bescheidenerweise beim »großen« DAX auf den Zusatz XXL verzichtet hat.

Der TecDAX ist sozusagen der Nachfolger des legendären und bereits wieder abgeschafften NEMAX. Jenes Aktienindex, der die Kursentwicklung des ebenso legendären und wieder abgeschafften *Neuen Marktes* abbildete. Sie erinnern sich? Schmerzvoll wahrscheinlich.

1996 ff.: Die Deutschen entdecken dank einer massiven Werbekampagne der Telekom AG den Aktienboom. 2000 ff.:

Die Deutschen entdecken dank des Zusammenbruchs des *Neuen Marktes* den Aktiencrash.

Am *Neuen Markt* herrschte eine Aufbruchstimmung, die nur vergleichbar war mit dem Befinden der Nation nach dem Gewinn der Fußballweltmeisterschaft 1954. Das traditionsreichste und alteingesessenste Haus am *Neuen Markt* war drei Monate alt, und die Naturgesetze waren völlig außer Kraft gesetzt. Das Letzte, das noch ansatzweise Wirkung hatte, war die Schwerkraft – und auch die stand kurz vor der Aufhebung.

Die Landung war hart, aber wenn der liebe Gott gewollt hätte, dass wir zu Höhenflügen ansetzen, hätte er uns Flügel gegeben. Aber auch auf Mutter Erde gilt weiterhin: Wenn Sie nur eine Aktie von *BMW*, *E.ON* oder gar der *Deutsche Börse AG*[18] erwerben, gehört Ihnen ein Teil davon. Kein allzu großer, zugegeben, aber immerhin. Außerdem werden Sie alljährlich zur Jahreshauptversammlung eingeladen. Da gibt es dann viele salbungsvolle Reden der Vorstände und ein labberiges Brötchen. Wenn es gut läuft, sogar Bockwürstchen mit Kartoffelsalat. Außerdem oft noch ein Tütchen mit allerlei Krimskrams, hauptsächlich aber mit jeder Menge Papiere und Broschüren, in denen steht, wie toll da alle sind. Das haben die Häppchenjäger aber meistens sowieso schon vorher stundenlang zu hören gekriegt.

18 Ja ja, auch die Börse selbst wird an der Börse gehandelt. Keine schlechte Geschäftsidee! Sind Aktien gerade bei Anlegern in, rennen ihnen die Käufer die Bude ein. Will in Krisenzeiten jeder seine Wertpapiere loswerden, stehen die Verkäufer reihenweise auf der Matte.

Ein oft gesprochener Dialog auf derlei Veranstaltungen: Kleinaktionär A erwacht aus einem kleinen Nickerchen und fragt Kleinaktionär B neben ihm im Flüsterton: »Wie lange redet der schon?« Kleinaktionär B: »So ungefähr 'ne Dreiviertelstunde.« Kleinaktionär A: »Und worüber?« Kleinaktionär B: »Das hat er nicht gesagt.«

Dann ist Fragestunde. Jeder, der will, darf den hohen Herren da mal so richtig Zunder geben. Das geschieht auch oft. Der Saal rumort, entlastet den Vorstand aber hinterher trotzdem fast einstimmig. Das Jojo und der Kugelschreiber in dem Tütchen tun ihre Wirkung.

> **»Alle Tiere sind gleich. Aber manche sind gleicher als die anderen«**
> George Orwell, Visionär

Auf jeder Hauptversammlung sind darüber hinaus zwei bis drei Frührentner, die scheinbar von jedem an der Börse notierten Unternehmen genau eine Aktie halten, von Hauptversammlung zu Hauptversammlung ziehen, ihren vorbereiteten Fragenkatalog in Form eines Stapels engbekritzelter Papiere abarbeiten und die Veranstaltung damit scheinbar bis zum jüngsten Tag in die Länge ziehen wollen.

Da die Bundesregierung bei der Commerzbank eingestiegen ist, gehört die jetzt also quasi uns. Wenn Ihnen dort die Büromöbel nicht passen oder der Kaffee nicht schmeckt, sagen Sie es ruhig laut. Sie sind der Boss.

Sein Geld mit Aktienspekulationen zu verdienen ist eigentlich furchtbar einfach. Sie müssen nur richtig vorausahnen, was der Durchschnittsanleger glaubt, dass die anderen Durchschnittsanleger tun werden.

Können Sie sich noch auf die Fernsehsendung *Familien-Duell* besinnen? Moderator Werner Schulze-Erdel sprach vor jeder Spielrunde: »Wir haben einhundert Leute gefragt: Nennen Sie …« – was zwar keine Frage, sondern ein Imperativ ist, aber dahingehend hat dem Bügel-TV-Quotenkönig mit den weißen Socken scheinbar auch nach über 2.000 Sendungen nie jemand Bescheid gestoßen.

Wenn also der tatschige Moderatorendarsteller »gefragt« hätte: *Nennen Sie eine Stadt in Schweden!*, dann hätten Sie mit Stockholm, Göteborg und Malmö zwar recht gehabt. Wenn der Löwenanteil der einhundert befragten Deppen aber »Oslo« genannt hätte, wären Sie leer ausgegangen.

Umgekehrt hätten Sie auf die »Frage«: *Nennen Sie Dinge, die man im Freibad unternehmen kann!* mit Ihren Antworten ›Pommes fressen‹, ›Kleine döppen‹, ›vom Beckenrand pinkeln‹ und ›Titten glotzen‹ den Vogel abschießen können. Nicht, weil ›schwimmen‹, ›Federball spielen‹ und ›Wasserrutschen‹ falsch wäre, sondern weil die Befragten andere Aktivitäten bevorzugen.

Nicht anders läuft das Spekulieren mit Aktien. Sie müssen nicht das gesündeste oder das bestgeführte Unternehmen herauspicken, sondern Sie schließen quasi eine Wette darauf ab, was jene glauben, die dies tun.

Und dazu ist auch völlig egal, ob Sie glauben, dass Stammaktien von Sägewerken ausgegeben werden, oder aufschrecken, wenn Sie in den Nachrichten hören, dass der Tom Jones sinkt oder der Dow Jones singt. Versuche mit Affen, die mit einem Filzstift im Börsenteil einer Tageszeitung rumgemalt oder mit Dartpfeilen darauf geworfen haben, haben gezeigt, dass sie mit dieser Vorgehensweise ganz passable Erfolgsquoten erzielen. Vorkenntnisse also nicht erforderlich. Aber immer an den Blutdruck denken! Denn: Je niedriger der DAX, desto höher der Puls.

Jeder ist mit seinem Verstand zufrieden, keiner mit seinem:

Geld

Von wem wissen Sie, was er verdient? Genauer gesagt: Was er am Monatsende überwiesen bekommt. Außer von Deutsche-Bank-Chef Ackermann, weil es bei dem jedes Jahr in der Zeitung steht. Von kaum jemandem, oder?

Nachdem Sex und Gewalt weitgehend enttabuisiert sind, wird das eigene Einkommen nach wie vor wie ein Staatsgeheimnis gehütet. Gehen Sie mal in Gedanken durch, von wem Sie wissen, was er verdient! Arbeitskollegen, Bekanntenkreis, engerer Bekanntenkreis, Verwandte, Freunde, Ehepartner. Außer dem Ehepartner ist nicht viel übrig geblieben, oder? Und selbst da ist sich der eine oder die andere noch unsicher.

Das war in den letzten gut zweieinhalbtausend Jahren so, seit die Lydier[19] die ersten Münzen als Zahlungsmittel ausgegeben haben, und wird vermutlich auch die nächsten zweieinhalbtausend Jahre so bleiben.

Papiergeld gibt es gar in Europa erst seit ungefähr 500 Jahren. Früher hat man Gold getauscht. Oder Muscheln, Felle, Salz. Eine Tradition, der allerdings heute noch man-

19 Ein indogermanisches Volk Kleinasiens, dem auch der sagenhafte König Krösus angehörte.

cherorts gefrönt wird. Vorzugsweise in Supermärkten. Dort werden 500 Gramm Salz getauscht gegen 59 Cent.

Tiere waren ebenfalls beliebte Tauschobjekte. Womit auch die Theorie als widerlegt gelten dürfte, dass man Geld nicht essen kann.

Das lateinische *Pecunia* bedeutet sowohl »Geld« als auch »Vieh« – von dem ja bekanntlich auch kleinere Exemplare Mist machen. Folgerichtig stellte das erste römische Münzgeld den Wert eines Rindes dar. Vielleicht sind mit Gammelfleisch gefüllte Kühlhäuser also nur eine Art Spardose unverbesserlicher Nostalgiker.

»Um reich zu werden, muss man viel Geld haben«

Günter Kunert,
Kassandra von Kaisborstel

Wir alle kommen bereits von Kindesbeinen an in Berührung mit Geld. Zum Beispiel in Form von Taschengeld von den Eltern, als Zeugnisgeld von der Oma oder Beutegeld vom Klassenschwächsten.

Zeit ist Geld! Diesen und ähnliche Sinnsprüche lernen wir ebenfalls schon im Kindesalter. Diesen brachte übrigens Benjamin Franklin bereits 1748 zu Papier. Fast 300 Jahre alt und immer noch hochaktuell – insbesondere, wenn Sie Taxifahrer sind oder oft auf Sexhotlines anrufen.

Geld allein macht nicht glücklich! Frauen brauchen auch noch ein Schuhgeschäft, Männer einen Baumarkt, in dem sie es ausgeben können. Außerdem wird Ihnen darüber hinaus jeder Anlageberater ohne Weiteres beipflichten. Denn schließlich gehören noch reichlich Aktien dazu, ein paar Grundstücke sowie eine umfangreiche Antiquitätensammlung. Stichwort: Risikostreuung.

Geld stinkt nicht![20] Fragwürdig – denn es heißt ja ebenso *Beim Geld scheißt der Teufel immer auf den dicksten Haufen!* Vordergründig ein Widerspruch in sich. Der sich aber dadurch auflösen lässt, dass der Teufel scheinbar Vegetarier sein muss. Denn dann sollen die Exkremente ja angeblich weniger … Lassen wir das!

Geld schießt keine Tore! hat der Fußballphilosoph Otto Rehhagel uns ins Stammbuch geschrieben. Ich möchte ergänzen: Nicht mal mit dem Zinsfuß! Außerdem hießen die Nationalspieler sonst nicht *Poldi* oder *Schweini*, sondern *Fuffi* oder *Hunni*. Otto? Find' ich gut!

Geld verdirbt den Charakter! Ein Mangel an Geld macht ihn freilich auch nicht besser, das soziale Umfeld begegnet einem aber wesentlich intoleranter. Trotzdem birgt dieser Sinnspruch eine praktische Lebenshilfe, die jeder von uns im Alltag anwenden kann. Werden Sie beispielsweise demnächst mal wieder in der Fußgängerzone von einem Punker um einen Euro angeschnorrt, haben Sie jetzt für ihn die passende Antwort parat. Und noch einen Euro gespart!

Geld macht reich! Der frühere Werbeslogan eines Glücksspielanbieters. In sich logisch und wesentlich glaubhafter als *Katzen würden Whiskas kaufen*. Oder *Die Bahn kommt*.

Ein reicher Idiot ist ein Reicher, ein armer Idiot ist ein Idiot! Was nicht im Umkehrschluss automatisch bedeutet, dass jemand, der viel Geld hat, automatisch kein Idiot ist.

20 »Pecunia non olet!«, rief angeblich der römische Kaiser Vespasian, erfreut über die ersten Eingänge der von ihm neuerlassenen Latrinensteuer, aus.

Wir versaufen unser Oma ihr klein Häuschen:

Finanzkrise

Finanzkrise – seit Jahren von namhaften Ökonomen sowie interessierten Laien vorausgesehen, muss nun auch der namenloseste Ökonom und uninteressierteste Laie feststellen: Erde, wir haben ein Problem!

Die ganze Erde? Nein, ein kleines Dorf mitten im Herzen dieser, unserer Republik trotzt der Krise: Frankfurt am Main! Frankfurt am Main? Das deutsche Bankenmekka? Die Heimat des Pleitegeiers? Das Epizentrum der Finanzkrise? Nun ja, um der Wahrheit die Ehre zu geben, schaut man dort genau so belämmert aus der Wäsche wie andernorts. Die dort beheimatete »Jury der sprachkritischen Aktion *Unwort des Jahres*« der Universität Frankfurt am Main jedoch trotzt nicht nur der Krise, sie hat gar Konjunktur. Tagtäglich müssen neue Schlagworte, Fachtermini und kuriose Wortschöpfungen auf ihre potenzielle Tauglichkeit für den nächsten Wettbewerb geprüft werden. Kreditklemme, Bankenrettungsschirm oder Immobilienblase sind wahre Renner in der medialen Berichterstattung und werden zum Sprachusus in aller Munde. Da es einigermaßen schwerfallen dürfte, dem Unwort des Jahres 2008, »Notleidende Banken«, noch eins draufzusetzen. (Bankenbeihilfssteuerzahlerrückgriffsmaßnahme, Finanzsektorrettungsscherflein oder Ackermannalmosen?) hat man es für 2009 erst gar nicht versucht. »Betriebsratsverseucht«. Läppisch!

Leichter hatte es da die im benachbarten Wiesbaden ansässige Gesellschaft für deutsche Sprache (GfdS – nicht zu verwechseln mit DSDS = »Deutschland sucht den Superstar« oder DGAMMBIK = »Diese ganzen Abkürzungen machen mich bekloppt im Kopp«). Sie kürte flugs die »Finanzkrise« daselbst zum Wort des Jahres. 2009 fiel ihr die Wahl mit der omnipräsenten »Abwrackprämie« ebenfalls nicht schwer.

Vor dem Hintergrund, dass in den Achtzigerjahren »Ellenbogengesellschaft«, »Umweltauto« und »Gesundheitsreform« die Favoriten einzelner Jahrgänge waren und in den darauffolgenden Neunzigern »Politikverdrossenheit«, »Sparpaket« und »Sozialabbau«, lässt sich erahnen, wie lange uns diese sogenannte »Finanzkrise« noch beschäftigen wird.

Umso wichtiger ist es, sich ein Bild von dem zu machen, was bisher geschah: Nehmen wir an, Sie besitzen eine gemütliche Kneipe am Rande der Stadt. Ihr Lokal ist sauber und gepflegt, die Bedienung freundlich, und für jeden Gast haben Sie eine heitere Anekdote und ein freundliches Lächeln übrig. Ihre Stammkundschaft sitzt wie jeden Morgen pünktlich um elf an der Theke und weiß zu schätzen, dass Sie für jeden von ihnen die ersten drei Pils nur halb voll zapfen. Beim vierten ist das Zittern in deren Händen so weit verschwunden, dass Sie es von nun an aus dem Hahn laufen lassen können, ohne Gefahr zu laufen, dass die gern gesehenen Gäste die Hälfte verschütten, während sie das

Glas zum Munde führen. Abends hingegen läuft das Geschäft nicht so recht. Die Stadtrandlage lässt wenig bis keine Laufkundschaft in Ihr Etablissement einkehren, und die Stammkundschaft hat sich bereits nachmittags auf ein kleines Schläfchen bis zum nächsten Morgen verabschiedet. Erschwerend kommt hinzu, dass Ihre Stammkunden zwar fortwährend trink-, aber im Laufe des Monats immer weniger zahlungsfreudig sind. Es ist halt am Ende des Geldes noch so viel Monat übrig.

»Bedeutende Erfolge sind auch die Ergebnisse überwundener Krisen«
Hans Arndt, Aphoristiker

Um das Geschäft anzukurbeln, hecken Sie einen genialen Schlachtplan aus: Sie notieren die Namen Ihrer Gäste auf Bierdeckeln, geben diese als Verzehrgutscheine aus und bieten als Clou an, dass die Deckel erst am Monatsende beglichen werden müssen. Ihre Kunden sind begeistert und decken sich stapelweise mit Bierdeckeln ein – zumal Sie bezüglich der Finanzkraft des Einzelnen gern mal ein Auge zudrücken. Natürlich wissen Sie als erfahrener Gastronom und Menschenkenner, dass Sie damit Gefahr laufen, dass der eine oder andere mal einen über den Durst trinken und vor allem über den Füllstand des eigenen Geldbeutels zur Brust nehmen wird. Aber als gewiefter Geschäftsmann erhöhen Sie im Gegenzug den Preis pro Glas Pils um zehn Cent. Sind nun mal tatsächlich zwei oder drei Ihrer Gäste am Zahltag abgebrannt, schauen Sie nicht in die sprichwörtliche Röhre, sondern haben quasi durch Ihren bescheidenen Risikoausgleich vorgesorgt.

Ihre Aktion spricht sich herum wie ein Lauffeuer. Innerhalb weniger Tage rennen Ihnen auch Bierliebhaber, die zuvor aufgrund Ihrer Stadtrandlage den Etablissements der City den Vorzug gegeben haben, die Bude ein.

Die Innenstadtwirte blicken fragend auf ihre leeren Barhocker und gehen dem Geheimnis Ihres Erfolges auf den Grund. Ihre geniale Geschäftsidee findet schnell Nachahmer. Aber da nun auch Menschen die Lokale stürmen, die bislang ihr Bierchen aus Kostengründen zu Hause getrunken haben, weil sie es sich in der Gaststätte nicht oder nicht mehr leisten konnten, sind alle glücklich und zufrieden. Selbstverständlich auch die Brauereien, die wegen des erhöhten Bierausstoßes mit der Produktion kaum nachkommen.

Um deren Bierlieferungen bezahlen zu können, haben Sie zwar dummerweise noch kein Bargeld in der Kasse, aber auch hier haben Sie als ausgebuffter Fahrensmann eine geniale Lösung. Schließlich besitzen Sie eine Menge Wertpapiere, nämlich die Bierdeckel mit den Forderungen gegen Ihre Kunden. Gegen einen kleinen Abschlag auf den tatsächlichen Barwert nehmen die Brauereien nur allzu gern diese Zertifikate in Zahlung. Die Bierlieferungen erfolgen weiterhin jeden Morgen pünktlich, die Zapfhähne glühen.

Da die Bierbrauer auch nicht untätig sind, kommt ihnen ebenfalls eine geniale Idee. Sie mischen die Bierdeckel wild durcheinander, stapeln sie danach zu kleinen Häufchen à zehn, zwanzig oder dreißig Deckel und verkaufen diese ebenso weiter. Da die Bierbranche boomt, ist es ein Leichtes, Geldgeber zu finden, denen Festgeldkonten nur ein müdes Gähnen abringen. Zögernde Anleger, die immer noch nicht die Riesenchance dieser Anlagemöglichkeit erkannt haben oder das Risiko scheuen und um alles in der Welt weiter an Omas Sparbuch festhalten wollen, werden durch das Urteil sogenannter Ratingagenturen überzeugt. Dazu werden im Vorfeld die Mitarbeiter dieser gewerbsmäßig die Kreditwürdigkeit von Unternehmen überprüfenden Agenturen in Ihr Lokal eingeladen, um dem Prüfungsprozess die im Normalfall eigene Trockenheit der Materie zu nehmen. Betört und enthemmt von Bier, Wein und Gesang bewerten sie darauf die Papiere als empfehlenswert, sehr empfehlenswert oder unbedingt empfehlenswert, sodass ein wahrer Run der Anleger auf jene Bierdeckel einsetzt. Brauereifonds werden zum absoluten Renner. Alle haben Schwielen an den Händen vom Bierdeckelzählen.

Doch während bei übermäßigem Bierkonsum der dicke Kopf bereits am nächsten Tag kommt, kommt das gleichnamige Ende erst am Schluss. Der Ultimo rückt unaufhaltsam näher, und wie vereinbart präsentieren Sie Ihrer Kundschaft die Rechnung für den verzehrten Gerstensaft. Während einige zumindest einen Teil ihrer Schuld begleichen und hoch und heilig versprechen, im nächsten Monat etwas akribischer den eigenen Bierkonsum zu beäugen, stehen andere mit nichts als leeren Händen und noch leereren Taschen da. Ihr Bierlieferant ist alles andere als glücklich über diesen Umstand, zumal er auch gar nicht mehr genau weiß, wo in welchem Stapel die Bierdeckel der nun im doppelten Sinne nicht mehr flüssigen Kunden geblieben sind und an wen er sie verhökert hat. Die Blase platzt! Bierdeckelschuldverschreibungen stehen nicht mehr allzu hoch im Kurs, und wer reichlich mit ihnen gehandelt hat, wie zum Beispiel die alteingesessene Gebrüder Lehmann Brauerei, hätte dies auch mit Zitronen tun können. Kein

Bauer liefert der Lehmann Brauerei auch nur noch ein einziges Körnchen Gerste, sodass deren Bierausstoß zum Versiegen kommt. Lediglich die deutsche Kreditanstalt für Wiederbetankung pumpt treudoof noch mal 320 Millionen in die trockengelegten Brauereikessel, die dort aber in Sekundenschnelle verdampfen. Für die Lehmann Brauerei ist Hopfen und Malz verloren.

Die Aussicht, in Zukunft das Abendbrot trocken runterwürgen oder aufs gepflegte Pils am Tresen verzichten zu müssen, lässt daraufhin die Bevölkerung in den traditionellen Biertrinkernationen weltweit zu rumoren beginnen. Revolution! Worauf deren Regierungen sich bei einem guten Glas Wein zusammensetzen und beschließen, Bier sei (die Bayern wussten es schon immer) schließlich ein Grundnahrungsmittel, Brauereien systemrelevant und ein Versiegen der weltweiten Bierströme mit allen Mitteln zu verhindern. Von extremer Austrocknung der Rohrleitungen bedrohte Bierhersteller, wie die Kommerzbrauerei, erhalten sofortige Gerstenlieferungen, für die der Staat einspringt. Sogar die Gründung einer Bad Brauerei, die alle faulen Bierdeckel übernimmt, wäre denkbar.[21] Statt vieler kleiner Bierdeckel macht man einen großen und nennt ihn »Brauereifallschirm«. Das Bier wird auf Pump wieder in die Leitungen gepumpt. Jetzt muss sich nur noch jemand finden, der für die Brauereibürgschaft am Ende geradesteht. Aber auch da wissen die Staats- und Regierungschefs Rat. Schließlich heißt es ja auch »Bürger«. Und wenn sie nicht verdurstet sind, dann stehen sie heute noch am Tresen. Prösterchen!

21 Vgl. »Bad Bank«

Komm ich heut' nicht, komm ich morgen:

Leerverkäufe

Darf man den Altvorderen Glauben schenken, war früher alles besser. Vor allem aber war alles einfacher: Bot ich im Kleinanzeigenteil der örtlichen Lokalpresse meine Kompaktstereoanlage, die geerbte Taschenuhr des Großvaters, ein altes Klapprad oder meine Reklame-Kugelschreiber-Sammlung zum Verkauf an, konnte der potenzielle Käufer guten Gewissens davon ausgehen, dass sich das feilgebotene Gut auch in meinem Besitz befindet. Und warum sollte, was für klapprige Räder seine Berechtigung hat, nicht auch für Wertpapiere gelten? Oder hat je einer von sogenannten »ungedeckten Leerverkäufen« von Fahrrädern oder Taschenuhren gehört?

Aber, ob Taschen-, Armband-, Wand- oder Standuhren, an der Börse gehen sie anders. Dort kann ich jemandem eine Aktie verkaufen, obwohl ich sie gar nicht habe – obwohl mein Aktiendepot sozusagen »leer« ist. Ich leihe mir das Objekt der Begierde des Käufers einfach von einem Dritten, gegen eine kleine Gebühr versteht sich, verkaufe diese als meine und bete fortan allabendlich zu meinem Schöpfer auf Knien, dass der Wert des Papiers bis zu dem Zeitpunkt, zu dem ich die geliehene Aktie zurückgeben muss, fällt. Denn dann kann ich sie am Tag der Rückgabe billiger erstehen, zurückgeben und die Differenz einstreichen.

Nehmen wir an, ich offeriere auf einem namhaften Auktionsinternetportal mit Sitz in der brandenburgischen Parforceheide ein bestimmtes Wertpapier, beispielsweise eine Eintrittskarte für ein Konzert von Tokio Hotel, das in vier Wochen ins Haus – pardon, in die Halle – steht. Innenraumkarte, Platzwahl frei. Und nehmen wir nun weiter an, Sie seien der größte Fan von Bill Kaulitz, dieser durch schweren Haarspray-Abusus gezeichneten, androgynen Industrie-Puppe und Erfinderin des Kopf-Pfauenrades. Bitte bemühen Sie Ihr Imaginationsvermögen, es dient der Wissenschaft!

Es ist Anfang des Monats, die Kids haben gerade Taschengeld abgesahnt, die Tickets stehen hoch im Kurs, und die offiziellen Vorverkaufsstellen sehen sich Zuständen ausgesetzt, gegen die sich die Belagerung Wiens durch die Osmanen im Jahr 1683 wie der reinste Kindergeburtstag ausnahm. Auf eBay setzt ein wahres Wettbieten um die begehrten Eintrittskarten ein. Aber Sie haben den längsten Atem und vor allem die meiste Kohle und erhalten den Zuschlag. Natürlich mit gepfeffertem Aufschlag. Da ich, wie gesagt, das Gut Ihrer Begehrlichkeit gar nicht habe, leihe ich mir ein entsprechendes Billett bei einem Dritten, sagen wir bei meinem Kumpel Kalle. Warum ausgerechnet Kalle – sonst eher ein Freund der schwermetallenen Klänge,

»Was meinen Sie, was hier los wäre, wenn mehr Menschen begreifen würden, was hier los ist?«

Volker Pispers, Vollblut- und -bartkabarettist

Motorradfahrer, begeisterter Holzfällerhemdträger, leidenschaftlicher Kettenraucher und passionierter Gerstensafttrinker, knapp 1 Meter 90 groß und fast ebenso breit – jetzt ein Tokio-Hotel-Ticket sein Eigen nennen sollte, spielt hier mal im Sinne des Versuchsaufbaus nur eine untergeordnete Rolle – und ich hoffe in meinem Sinne, dass er diese Zeilen nie lesen wird!

Ich leihe mir also seine Karte, versüße ihm den Trennungsschmerz durch ein paar Euro Leihgebühr und verspreche ihm hoch und heilig, das gute Stück rechtzeitig zum Konzert zurückzugeben. Tatsächlich schicke ich die Karte aber meinem eBay-Kunden, nämlich Ihnen. Damit wäre der erste Teil der Transaktion getätigt.

> **»Denn so viel Geld lässt sich, weiß Gott, nicht mit etwas Gutem verdienen«**
> Friedrich Schiller, Glöckner

Bis zum Konzert, also dem vereinbarten Rückgabetag, habe ich nun vier Wochen Zeit, auf dem Schwarzmarkt ein gleichwertiges Exemplar (Innenraum, Platzwahl frei) ausfindig zu machen, es zu erstehen und meinem Kumpel Kalle, dessen Unmut ich aus naheliegenden Gründen nur höchst ungern auf mich ziehen möchte, zurückzugeben.

Dieser »Leerverkauf«, ich habe ein Ticket verkauft, das ich gar nicht hatte, ist allerdings noch aus einem anderen Grunde für mich von nicht unerheblichem Risiko. Täten die Schwarzmarktpreise nun in den nächsten vier Wochen steigen, müsste ich für die Karte vermutlich mehr Geld ausgeben, als ich von Ihnen erlöst habe. Und je mehr dieses »Wertpapier« im Werte steigt, desto teurer würde meine Ersatzbeschaffung ausfallen. Desto größer wäre also mein Verlust.

Daher bin ich in den nächsten vier Wochen nicht untätig und erzähle überall herum, dass ich mir von diesem Konzert gar nichts erwarte. Die Jungs, soweit man von »Jungs« sprechen kann, würden völlig überschätzt, seien außerdem ausgebrannt und zerstritten. Darüber hinaus stecke ich der Bravo, dass Bill Kaulitz in Wirklichkeit Sybille heißt und nicht Toms Bruder, sondern Tochter ist. Außerdem klemme ich Tom Kaulitz im Supermarkt die Hand in der Tiefkühltheke ein, klaue Bill den Nagellack, säge die Saiten auf Georgs Bass an, lege Gustav Reißzwecken auf den Schlagzeughocker und verstecke seine Trommelstöcke. Kurzum: Die in der Zwischenzeit stattfindenden Konzerte sind eine Katastrophe. Die Teenies laufen reihenweise erst aus der Halle und dann scharenweise zu den Killerpilzen oder Jimmy Blue Ochsenknecht über.

Als der große Tag des Konzerts gekommen ist, interessiert sich keine Sau mehr für Tokio Hotel, Eintrittskarten sind massenhaft und zu Spottpreisen zu haben. Ich erstehe eine solche für ein paar lumpige Kröten und überreiche sie freudestrahlend meinem etwas sauertöpfisch dreinschauenden Kumpel Kalle. Den Differenzbetrag zum Verkaufspreis, den ich bei Ihnen erzielt habe, streiche ich als Gewinn ein und lache mir ins Fäustchen. Gelingt es mir nun noch, Kalles selbigem Körperteil aus dem Wege zu gehen, habe ich alles richtig gemacht.

Während ein Aktienkäufer also auf steigende Kurse spekuliert und dem Unternehmen seiner Wahl alles Gute für die Zukunft wünscht, hofft der Leerverkäufer auf den Verfall des Kurses. Eine recht destruktive Geschäftsphilosophie, wenn man sich vor Augen führt, dass man für den Bau eines

Hauses Startkapital, einen Architekten, gewitzte Facharbeiter und vieles mehr benötigt, für den Abbruch lediglich eine Abrissbirne. Ein Leerverkäufer wird also höchstens auf steigende Kurse bei Abrissbirnenherstellern spekulieren. Faites vos jeux, Ihre Einsätze, bitte!

Rien ne va plus:

Kasinokapitalismus

Wasser ist nass. Dem wird auch der letzte Nichtsesshafte, obschon möglicherweise längere Zeit mit dem wertvollen H_2O nicht mehr in Berührung gekommen, zustimmen. Und da zähle ich die zukünftig zu dieser Bevölkerungsgruppe hinzustoßenden ehemaligen Investmentbanker noch gar nicht dazu. Der Papst ist katholisch. Auch hier wird niemand die auf dessen Lohnsteuerkarte eingetragene Religionsgemeinschaft nachsehen wollen, um diese Aussage auf ihren Wahrheitsgehalt zu überprüfen. Römisch-katholisch, unverheiratet, kinderlos, Steuerklasse 1, peng. Und auch ohne es Isaac Newton gleichzutun und unter einem Apfelbaum auf das Herabfallen einer reifen Frucht zu warten, sind uns die Gesetze der Schwerkraft nicht unbekannt. Doch seitdem die Welt einer Banken-, Finanz-, Hypotheken-, Kreditkarten- oder besser Vertrauenskrise ins Auge schaut, macht eine streng geheim gehaltene Information die Runde, von der bislang nur intime Kenner Kenntnis hatten: Wir leben im Kapitalismus!

> **»Je länger das Spiel dauert, desto weniger Zeit bleibt«**
> Marcel Reif,
> Fußballphilosoph

Donnerlüttchen, wer hätte das gedacht? An der Börse wird

spekuliert? Spekulationen können ins Auge gehen? Banker sind gierig? Und die, die nicht gierig sind, müssen trotzdem die Renditeforderungen ihrer Shareholder erfüllen? Wer konnte das ahnen? Und wie nach 1945 wird es demnächst heißen: »Davon haben wir nichts gewusst!« Man kann von Glück sprechen, dass (noch) nicht jede neuerliche Horrormeldung über neue finanzielle Schieflagen ehemals bombensicherer Großkonzerne, unverzichtbarer Schlüsselunternehmen oder systemrelevanter Banken und sonstige Pleiten mit dem lakonischen »Wenn das der Führer wüsste!« kommentiert werden. Nun war der Vorgenannte, wie aus den Frontverläufen der Jahre 39 bis 41 ersichtlich ist, eine Spielernatur, die ihresgleichen sucht. Es ist nicht überliefert, ob der GröSpaz (Größter Spieler aller Zeiten) je ein Kasino besucht hat. Man darf jedoch vor dem Hintergrund der uns bislang aus der Historienforschung bekannten Erkenntnisse annehmen, dass er entweder die Bank gesprengt (und damit ist ausnahmsweise nicht die Bombardierung derselben gemeint) oder den Saal in der kratzigen Feinrippunterhose verlassen hätte.

»Ein ehrliches Spiel unter guten Freunden ist ein redlicher Zeitvertreib«
Voltaire, Aufklärer

Da sind heutige Zockernaturen in den Bankhäusern anders gestrickt. Und nicht nur sie, auch deren Unter- und Oberwäsche. Denn der *Bank*rotteur von heute geht zwar manchmal durch den Hinterausgang, um dem vor dem Haupteingang tobenden Mob mit seinen wertlosen Anlagepapieren aus dem Wege zu gehen, jedoch immer im feinsten Zwirn.

Zwar hat er auch den Begriff des Kasinos als Spiel*bank* wörtlich genommen, ist aber heutzutage so schlau, nicht das eigene, sondern anderer Leute Geld zu verzocken. Das Ganze in dem Wissen, dass, sollte er tatsächlich die eigene Bank sprengen, Vater Staat die schützende, öffentliche Hand über sie hält. Kasinokapitalist, ein Traumjob – der nur für den Steuerzahler zum Albtraum werden kann. Während Otto Normalzocker nämlich zumindest in Monte Carlo, Las Vegas, Bad Dürkheim oder Baden-Baden noch mit einer theoretischen Gewinnchance rechnen kann, fällt ihm im kapitalistischen Kasino alleinig die Rolle eines Spielers zu, der zwar seinen Einsatz bringen muss, aber weder mitspielen noch gewinnen darf.

Draußen am Kasinoeingang steht ein Schild: »Liebe Gäste, in unserem Hause können Sie an jedem der Spieltische Einsätze in unbegrenzter Höhe tätigen. Fällt die von Ihnen ausgewählte Zahl oder Farbe nicht, verfällt Ihr Einsatz zugunsten der Bank. Fällt die von Ihnen ausgewählte Zahl oder Farbe, verfällt Ihr Einsatz zugunsten der Bank. Wir wünschen viel Vergnügen und lachen uns ins Fäustchen. Ihre Bank.« Frage: Wie viele Stammgäste hat wohl ein derartig fragwürdiges Etablissement? Korrekt – in Deutschland rund 82 Millionen!

»Wer viel Geld hat, kann spekulieren; wer wenig Geld hat, darf nicht spekulieren; wer kein Geld hat, muss spekulieren«

André Kostolany, Börsenguru

Bad Nauheim, Bad Salzdetfurth, Bad Kissingen:

Bad Bank

Zwar sind die Zeiten vorbei, in denen das brave Hausmütterchen einmal pro Woche bei seiner Bank vorbeigeschaut und sich sein Sparguthaben hat auszahlen lassen, um nachzuzählen, ob noch alles da ist, und es dann sofort wieder dort zu deponieren. Aber die theoretische Gewissheit, dass man dies könnte, lässt den Anleger einfach ruhiger schlafen und ist daher Grundvoraussetzung für die Existenz einer Bank. Andersherum gesagt: Sollte auch nur der leiseste Verdacht bestehen, dass die Einlagen, die man bei einer Bank getätigt hat, von dieser nicht mit (mindestens!) hunderttausendprozentiger Sicherheit zurückgezahlt werden können, war es das. Der Laden ist so gut wie weg vom Fenster.

In einer global vernetzten Finanzwelt nimmt eine Bank jedoch nicht nur Mütterchens Spareinlage entgegen und gibt diese, beispielsweise als Existenzgründerdarlehen oder Haushaltskredit, an kapitalnachfragende Kunden gegen etwas höhere Verzinsung (man muss ja sehen, wo man bleibt) weiter. Sie gibt auch Aktien im Namen von Unternehmen aus, die ihr Eigenkapital aufstocken wollen, handelt mit diesen, analysiert Erfolgsaussichten von realwirtschaftlichen Unternehmen, um ihre Anleger dahingehend beraten zu können, und so weiter. Darüber hinaus haben

Banken (besser gesagt: die Vorstände) aber noch andere Klienten, mit denen sie sich gutstellen müssen. Diese »Kunden« sind nämlich eigentlich gar keine Kunden, sondern die Eigentümer, weil sie Aktien der Bank gekauft haben. Und von denen versprechen sie sich eine prima Dividende, die größer ist als die der alternativen Anlage auf dem popeligen Sparkonto. Und bestenfalls steigt sogar noch das Aktienpapier selbst im Wert.

Mit der Vergabe von Kleinkrediten und Bausparverträgen lassen sich nur dummerweise keine fünfundzwanzigprozentigen Traumrenditen erwirtschaften, wie sie Josef A., Chef der *Deutschen B.*, als Unternehmensziel formuliert hat.

Will ein Kreditinstitut also vermeiden, dass ihm die eigenen Anleger in Scharen davonlaufen, weil die Konkurrenz von der anderen Straßenseite mehr Geld fürs Geld verspricht, muss man sich was einfallen lassen. Man könnte zum Beispiel Häuslebauerkredite an Leute vergeben, von denen man weiß, dass sie nicht jeder wird zurückzahlen können, weil diese spezielle Kundschaft finanziell etwas schwach auf der Brust ist. Man könnte sich zum Beispiel den erwarteten Ausfall des einen durch höhere Zinsen der anderen ausgleichen lassen.[22] Man könnte zum Beispiel auch denken, zur Not hätte man ja immer noch das Haus als Sicherheit. Man könnte zum Beispiel auch denken, der Nächste, der gerne einen Kredit aufnimmt, um es im Rahmen der Zwangsversteigerung zu übernehmen, ließe sicher auch nicht lange auf sich warten.

22 Vgl. »Finanzkrise«

Man könnte zum Beispiel auch selbst als Spekulant auftreten. Geld hat man ja da liegen, auskennen tut man sich auch, dann mal los. Und schon kaufen und verkaufen Banken unter sich selbst Wertpapiere, Zertifikate, Derivate, Kreditforderungen gegen ihre Kunden, geschichtet und gehäufelt, tranchiert und seziert, und alles ist in bester Ordnung. Bis mal einer sein Haus verkaufen muss, aber bei der Zwangsversteigerung die potenziellen Käufer samt und sonders abwinken. Im ungünstigen Fall kommt noch ein zweites leerstehendes Haus dazu. Im ungünstigsten noch ein drittes. Dann beginnen nämlich die Immobilienpreise zu bröckeln. Ohne Gegenwert keine Kreditsicherheit. Wer jetzt eine derartige Kreditforderung in Händen hält, im Tresor verstaut oder im Schuhkarton liegen hat, ist der Gelackmeierte. Banker, Politiker und sonstige Schlauschwätzer nennen das *Toxische Wertpapiere*. Wahrscheinlich, um das Wort »Papiermüll« zu vermeiden.

> **»Der eine spart, der andere braucht Geld, das er noch nicht hat. Das muss organisiert werden. Das nennt man Bank. So einfach ist das«**
> Wolfgang Schäuble, Finanzminischter

Aber, oh Schreck, was ist, wenn jetzt alle Hausmütterchen angerannt kommen und ihren Spargroschen nicht nur abheben und nachzählen, sondern mit nach Hause nehmen und unterm Kopfkissen verstauen wollen? Weil er dort sicherer liegt als bei einer Bank, die bald mit ihren toxischen Wertpapieren den Kamin befeuern muss, weil der Gaslieferant aufgrund nicht bezahlter Rechnungen den Hahn abgedreht hat?

Um Bilder, wie wir sie von 1929 kennen, als Tausende und Abertausende verunsicherter Sparer die Banken stürmten und damit die Krisenspirale noch weiterdrehten, zu vermeiden, könnte (wer sonst?) Vater Staat einspringen. Also wir.

Wir könnten eine *Bad Bank* gründen. Da die meisten von uns dafür keine Zeit haben, macht unsere Regierung das für uns. Sie übernimmt den Ramsch, entlastet die Banken dadurch vom finanziellen Druck der Fehleinkäufe und bürgt für die Giftpapiere. Mit unserem Geld. Also wir.

Immerhin können wir uns damit trösten, ein gutes Werk getan zu haben. Schließlich haben uns die Amerikaner nach dem Zweiten Weltkrieg nicht nach Altvätersitte mal wieder in Versailles antreten lassen, sondern uns Schokolade, Bohnenkaffee und die Demokratie gebracht. Betrachten wir also die Haftung für den Papiermüll, den die uns jetzt als Wertpapiere verkauft haben, als verspätete Reparationszahlungen.

Und sollte zu einem späteren Zeitpunkt wider Erwarten doch noch etwas für diese Forderungen zu holen sein, kann der Bundesminister der Finanzen sich ja schließlich über den nicht mehr für möglich gehaltenen Geldsegen freuen. Also er, nicht wir.

Eine *Bad Bank* erfüllt demnach eine durchaus vergleichbare Funktion wie ein Inkassounternehmen. Insofern haben wir noch Glück gehabt, wenn notleidende Banken sich mit ihren faulen Krediten an die *Bad Bank* wenden und nicht an die Russenmafia. Zwar sitzen wir als Steuerzahler bezüglich der Haftung für Verluste der von der *Bad Bank* übernommenen Papiere mit im Boot, und zwar hat der Finanzminister auch so seine Mittel und Wege, die klingende

Münze, die er dafür benötigt, bei uns einzutreiben. Im Ganzen sollte uns aber ein negativer Steuerbescheid immer noch lieber sein als eine gebrochene Kniescheibe oder ein abgehackter Finger.

Überhaupt ist *Bad Bank* eigentlich ein recht unglücklich gewählter Terminus. Denn eine Bank, die freiwillig wertlose Wertpapiere[23] übernimmt, kann ja nicht von Grund auf schlecht sein, sondern eher ein barmherziger Samariter. Als »schlechte Banken« sind wohl eher jene zu bezeichnen, die sich – mit aus Raffgier resultierender übermäßiger Risikobereitschaft – mit dem Zeug vorher schubkarrenweise die Tresore vollgeschaufelt haben.

Problematisch ist nämlich darüber hinaus noch Folgendes: Vielleicht haben Sie mal einen Vierjährigen erlebt, der seinen Willen nicht kriegt. Sei es nun ein Eis, einen Zoobesuch oder die neue *Counterstrike-Brutal-Violance-Edition*. Gewiefte Begründungen und stichhaltige Argumentationen sind alters- und sprachschatzbedingt seine Sache nicht. Der schreit wie am Spieß.

Ein echtes Dilemma. Wenn Sie Ihr Kind schreien lassen, bis es grün und blau anläuft, haben Sie ein Problem, wenn Sie es seinen Willen durchsetzen lassen auch. Das merkt es sich nämlich und wird zukünftig seine Strategie darauf ausrichten.

Eine Bank, die weiß, dass Vater Staat sie im Zweifel immer vor der Insolvenz bewahren wird, weil er die daraus resultierenden Konsequenzen mehr fürchtet, als mal eben ein

23 Okay, »wertlose Wertpapiere« hört sich ein bisschen an wie *schwarzer Schimmel* oder *nüchterner Chirurg*, aber Sie wissen, was gemeint ist.

paar Milliarden aus dem Staatssäckel lockerzumachen, hat keinen Grund, zukünftig etwas weniger risikoreich zu handeln. Wer sein Auto vollkaskoversichert hat, lässt es halt schon mal eher in einer dunklen Ecke stehen, wo finster aussehende Typen um brennende Mülltonnen herumstehen und Gangsta-Rap aus dem Ghettoblaster dröhnt.

Außerdem denkt man bei »Bad« natürlich eher an Bad Nauheim, Bad Salzdetfurth, Bad Kissingen. An Erholung, Fangopackungen und Kurschatten. Und so ist das ja eigentlich auch. Die toxischen Wertpapiere gehen auf Erholungskur. Man kennt das: Der Nachbar kommt aus der Kur zurück, hat 30 Kilo abgenommen, und alle feixen anerkennend, dass er ja fast so dünne geworden sei, dass man durch ihn durchgucken könne. So ist das mit den giftigen Wertpapieren dann auch. Sie haben sich quasi dünne gemacht. Ich bin dann mal weg. Für die notleidende Bank, nicht für wir. Äh... »uns«.

Kommet her zu mir alle, die ihr mühselig und beladen seid:

Wirtschaftsfonds Deutschland

Die Phönizier haben das Geld erfunden. Aber warum so wenig? Dieser feine Schmunzler aus der Feder Johann Nepomuk Nestroys[24] hat in Zeiten der Finanzkrise unzweifelhaft an aktueller Brisanz gewonnen. Wo ist das Geld hin? War es nie da? Und wenn es nie da war, warum leben wir immer noch auf großem Fuß davon? Und wenn wir immer noch auf großem Fuß leben, warum jammern wir dann ständig darüber, wie schlecht es uns geht?

Gut, nicht alle jammern. Vor allem nicht gleich laut. Einen Hartz-IV-Empfänger juckt so eine globale Finanzkrise nämlich relativ wenig im Vergleich zu seiner eigenen. Wenn erstmal der Job weg, das Haus zwangsversteigert und der *sky*-Reciever gepfändet ist, hat man andere Sorgen als die, ob der Stand des Dollars das Exportklima begünstig, negativ beeinflusst oder ob der DAX heute uneinheitlich geschlossen hat.

Die Mittelschicht regt sich zwar pro forma wegen milliar-

24 Österreichischer Dichter, 1801 – 1862. Übrigens ebenfalls Urheber eines weiteren Sinnspruchs, der falsch beratenen Anlegern ebenso aus dem Herzen sprechen dürfte: *Man möchte manchmal Kannibale sein, nicht um den oder jenen aufzufressen, sondern um ihn auszukotzen!*

denschwere Bankenrettungsfonds auf, schnappt aber gierig nach hingeworfenen Brosamen wie der Abwrackprämie, die im Volkskörper wie Beruhigungspillen wirken. Selig sind, die noch Haushaltskredite kriegen, denn sie werden den Neuwagen schauen.

Richtig Sorgen machen müssen sich doch nur die Unseligen, die richtig fett was auf der hohen Kante haben. Bill Gates, Warren Buffett oder Ingvar Kamprad. Jeder für sich Milliarden Dollar schwer. Genauso wie Jim, Alice, Christy und Robson Walton. Das sind die vom Wal-Mart. Nicht zu verwechseln mit John-Boy, Mary Ellen, Erin und Jim-Bob Walton. Das sind die aus der Fernsehserie. Und erst recht nicht mit Joe, Jack, William und Averell Dalton. Das sind in den Lucky-Luke-Heftchen die Vettern der historischen Bob, Grat, Bill und Emmett Dalton.

Oder, um auf deutsches Terrain zurückzukehren, die Albrechts, die Ottos, die Klattens, die Hopps, die Haubs, die Quandts und natürlich die Schaefflers. Denn ob ich jetzt statt prallen fünfzehn, zwölf oder zehn lediglich noch läppische neun, sieben oder gar nur noch mickrige drei Milliarden auf dem Konto habe, das kann schon mal Existenzängste auslösen. Bei Arcandor-Großaktionärin Madeleine Schickedanz wurde das Haushaltsgeld sogar derart knapp, dass sie sich schweren Herzens von zwei Villen in Sankt Moritz trennen musste und sich aufgrund ihrer desaströsen Finanzlage schon mal vorsichtshalber nach den Lebensmittelpreisen im Discounter erkundigte. Was jedoch wiederum Karl Albrecht (Aldi Süd) und dessen Bruder Theo (Aldi Nord) sowie Dieter Schwarz (Lidl, Kaufland), ihres Zeichens drei der fünf reichsten Deutschen, erfreut zur Kenntnis genommen haben dürften. So müssen wir uns wenigstens um die schon mal keine Sorgen mehr machen.

Weitaus schlimmer hatte es da schon Frau Marie-Elisabeth Schaeffler, Nachlassempfängerin ihres verstorbenen Gatten und Trägerin des Verdienstkreuzes am Bande und des Verdienstkreuzes I. Klasse der Bundesrepublik Deutschland, des Bayerischen Verdienstordens sowie zahlreicher weiterer nationaler und internationaler Orden und Ehrenzeichen, erwischt. Die hatte sich beim Versuch, sich das weitaus größere DAX-Unternehmen *Continental* unter den lackierten Nagel zu reißen, etwas ungeschickt verhoben. Dabei spliss nicht nur der Lack vom Fingernagel, sondern sie hat sich auch noch böse das Kreuz angeknackst. Genauer gesagt, das ihres Unternehmens. Die Übernahme der Schalthebel bei Conti wollte die listige Witwe nämlich komplett auf Pump finanzieren. Wenn Sie der *Media Markt* Ihnen also demnächst ihr Hyper-Mega-Giga-HD-Flatscreen-Fernsehgerät nicht über 36 Monatsraten abstottern lassen will, weil Sie schon diverse Haushaltskredite haben platzen lassen, sagen Sie dem Schnösel im roten Polohemd einfach, dass Sie, wenn er nicht auf der Stelle spurt, einfach zur nächsten Bank gehen, da richtig einen Deckel machen, den Laden kaufen und ihn rausschmeißen. Das zieht immer.

Na ja, fast immer. Bieten Sie Ihrer Bank nämlich den *Media Markt* als Sicherheit für die Schulden an, die Sie für dessen Kauf aufnehmen, und machen den Deal dann perfekt, wird Ihre Bank hellhörig, wenn die Aktien, für die Sie sich gerade dumm und schusselig zahlen, über Nacht in den Keller rauschen. Dann haben Sie nämlich eine üppige

Zahlungsverpflichtung an der Backe, aber keinen entsprechenden Gegenwert dafür bekommen.

Dieser kleine Schönheitsfehler hielt die jung gebliebene Unternehmerin, deren Privatvermögen auf ein paar Milliarden geschätzt wird, jedoch nicht davon ab, sich derweil im schicken Pelzmantel eingemummelt, das Champagnerglas erhoben und offenbar bestens gelaunt, bei einer Soiree in Kitzbühel ablichten zu lassen. Zu einem Zeitpunkt, als ihre Lakaien bereits auf dem Weg nach Berlin waren, um Staatskohle für das angeschlagene Unternehmen zu erbetteln. Nicht als Einzige freilich.

Denn »wat den een sin Ul, is den annan sin Nachtigall«. Was den Banken ihre *Systemrelevanz*, ist den sonstigen Unternehmen ihre *volkswirtschaftliche Gesamtbedeutung*. Und was den Banken ihr *Sonderfonds Finanzmarktstabilisierung* (kurz *SoFFin*) ist, ist dem Rest notleidender Unternehmen ihr *Wirtschaftsfonds Deutschland* (verschiedentlich auch einfach *Deutschlandfonds* genannt).

Den hat das Bundesministerium für Wirtschaft im Rahmen seines 96-seitigen Monatsberichts, also so eine Art Newsletter für Leute, die zu viel Zeit haben, namens »Schlaglichter der Wirtschaftspolitik«, als Teil vom »Pakt für Beschäftigung und Stabilität in Deutschland zur Sicherung der Arbeitsplätze, Stärkung der Wachstumskräfte und Modernisierung des Landes« (kurz: Konjunkturpaket II) eingeführt und unter die fette Überschrift »Entschlossen in der Krise, stark für den nächsten Aufschwung« gestellt. Das macht Mut.

Dort fördern wir so tiefe Erkenntnisse zu Tage wie »Wir wollen stärker aus der Krise herauskommen als wir hineingehen«, »In der Krise geht es ganz wesentlich darum, die Substanz der deutschen Volkswirtschaft zu schützen« oder »Wichtig ist es, die Ursachen richtig zu erkennen und zu wissen, auf welche Stärken Deutschland sich verlassen kann«.

Nun könnte der eine oder andere nassforsche Vorwitzling unter uns denken: »Das Geschwafel hätte ich mir auch in fünf Minuten aus den Fingern saugen können. Dafür hätten die keine sauteure PR-Agentur von meinem Steuergeld bezahlen müssen, mit dem man wahrscheinlich schon alleine wieder drei notleidende Banken hätte retten können. Ein Transparent an der Frankfurter Börse *Unsere Aktienkurse brachen, unsere Herzen nicht!* hätte es ja wohl auch getan!«.

Nicht so voreilig. Denn im Weiteren heißt es ganz konkret: »In dieser Situation ist die Politik ganz besonders gefordert, Orientierung zu geben und ihre Handlungsfähigkeit unter Beweis zu stellen. Jetzt ist der richtige Zeitpunkt gekommen, in einer großen Kraftanstrengung die vorbereiteten Initiativen aller staatlichen Ebenen zusammenzuführen und diesen gebündelten Konjunkturimpuls mit großer Dynamik umzusetzen. Wir setzen an den spezifischen Stärken und Herausforderungen für unsere Volkswirtschaft an und investieren in die Zukunft Deutschlands.« Na also, das ist doch mal was Handfestes, mit dem jeder was anfangen kann. Ein Hoch auf den Bundeswirtschaftsminister!

Dachten sich daraufhin auch die Manager der Hypo Real Estate, WestLB, Arcandor, Commerzbank, Bayerische Landesbank und wie sie alle heißen. Diese hatten zu einem Sternflug auf Berlin angesetzt und dürften zu bestimmten Stoßzeiten froh gewesen sein, überhaupt noch einen Stehplatz in irgendeinem Billigflieger gekriegt zu haben, um in Berlin frische Kohle aufzutreiben. Hatten sie doch die Kredit- und Bürgschaftsprogramme biblisch interpretiert und waren dem Ruf »Kommet her zu mir alle, die ihr mühselig und beladen seid«[25] gefolgt.

Um seinen Forderungen ein angemessenes Gewicht zu verleihen, ist es von Vorteil, wenn durch die ansonsten bevorstehende Insolvenz Tausende, besser noch Zehntausende von Arbeitsplätzen auf dem Spiel stehen. Daher spielte die Schaefflersche nun ihre größte Trumpfkarte, stimmte Klagelieder über die ansonsten unabwendbare Entlassung von Legionen von unschuldigen Arbeitern im Falle des Zusammenbruchs ihres Imperiums an, und machte so ihre Angestellten zu Geiseln, um vom Staat doch noch Lösegeld zu erpressen. Ebenjene Arbeiter gingen sogar mit der Chefin auf die Straße, um endlich die Herausgabe der Staatsknete zu erzwingen. Klarer Fall von Stockholm-Syndrom.

»Too big to fail« lautet das Schlagwort. Was übersetzt ins Politikerdeutsch ungefähr so viel bedeutet wie »Zu viel unangenehmes Aufsehen, wenn wir die pleitegehen lassen«.

Daher musste sich Frau Schaeffler schon unheimlich doof anstellen, um nicht im rettenden Schoße des Deutschlandfonds weiter ihren Schampus schlürfen zu können. Hat sie aber hingekriegt! Aufgrund ihres denkbar schlechten Timings – erst Kohle abgreifen, dann die Sektkorken knallen lassen, wäre korrekt gewesen – waren sogar der ansonsten in derlei Fällen recht freigiebigen Bundesregierung aufgrund der öffentlichen Wahrnehmung die Hände gebunden.

25 Matthäus 11, 28

Man tut auf der Regierungsbank zwar gern, was man kann, vor allem, wenn man sich hinterher mediengerecht in Szene setzen und als Retter in der Not feiern lassen kann, will sich aber auch nicht unnötig die Finger verbrennen.

Daher hat die Bundesregierung die Inanspruchnahme von liquiden Mitteln oder Bürgschaften aus dem *Wirtschaftsfonds Deutschland* für notleidende Unternehmen, die von ihren Hausbanken den Geldhahn abgedreht bekommen haben und/oder selbst am Tropf des *Sonderfonds Finanzmarktstabilisierung* hängen, an strenge Auflagen geknüpft. So sollte man beispielsweise »möglichst unverschuldet in finanzielle Schwierigkeiten geraten« sein – oder zumindest nicht gleichzeitig öffentlich im Nerz auf dicke Hose machen.

Der Kreditantrag ist dann bei der *KfW Bankengruppe* zu stellen, die sich freut, als ehemalige *Kreditanstalt für Wiederaufbau* endlich auch mal dabei mitmachen zu dürfen, etwas erst gar nicht zusammenbrechen zu lassen. Da diese jedoch dafür bekannt ist, nicht nur schlingernden, sondern gerne auch mal bereits mausetoten Kandidaten das Geld mit vollen Händen hinterherzuwerfen[26], muss der Antrag noch von ein paar Debattieronkels aus Wirtschaft und Politik, den sogenannten Lenkungsausschüssen und -räten, beäugt werden, bevor die *KfW* ihrer Lieblingsbeschäftigung nachgehen darf, nämlich Überweisungen tätigen.

Am Ende hat die listige Witwe übrigens dann doch noch ihr Ziel erreicht. Durch grünes Licht der Gläubigerbanken für die Umschuldung eines Großteils der milliarden-

26 Vgl. »Danksagung« *KfW Bankengruppe*

schweren Verbindlichkeiten auf eine Holding, eine *Bad Schaeffler*[27] sozusagen, wurde der steinige Weg zu Conti doch noch geebnet. Darauf ein Glas Schampus – gerne auch im Pelzmantel.

Wenn Sie also mal wegen einer negativen Schufa-Auskunft keinen Kredit mehr kriegen sollten, legen Sie einfach vom Arzt eine Bescheinigung vor, die Ihnen eine *Dissoziative Identitätsstörung*, also eine gespaltene Persönlichkeit, attestiert und sagen: »Die Schulden hat Dr. Jekyll, Sie sprechen aber jetzt mit Mr. Hyde!« Viel Glück dabei!

27 Vgl. »Bad Bank«

Der Schuldenberg ruft:

Schuldenbremse

Das liebste Hobby von Dagobert Duck, seines Zeichens reichste Ente der Welt, ist es, in seinem Geld zu baden. Er liebt es, »wie ein Seehund hineinzuspringen und wie ein Maulwurf darin herumzuwühlen« (O-Ton des Selfmade-Phantastilliardärs). Besondere Freude macht es ihm, wenn die Taler säckeweise in seinen Geldspeicher, eines der bekanntesten Wahrzeichen von Entenhausen und das Stadtbild prägend, gekarrt werden und sich der Pegelstand in seiner überdimensionalen Badewanne erhöht. Sein Lieblingsneffe und immerwährender Universalerbe Donald sagt ihm einen gewissen Hang zum Geiz nach, der Erbonkel selbst nennt es Sparsamkeit.

Aber ist der Großonkel von Tick, Trick und Track[28] wirklich sparsam? Nö, denn er spart nicht, er hortet. Sparer bringen ihr Geld zur Bank, legen es auf Festgeldkonten an, kaufen Aktien oder festverzinsliche Wertpapiere. Sie belas-

28 Die heißen im Original übrigens Huey, Dewey und Louie. Dicky, Dacky und Ducky, die Nichten von Daisy (heißt im Original auch so) April, May und June. In einem Land, in dem Eltern heutzutage ihre unschuldigen Kinder Jayden-Jil Schablonski oder Kiara-April Patzkowiak nennen, würden sie wohl heute Sandy, Candy und Mandy getauft werden.

sen es damit im Wirtschaftskreislauf und kassieren zur Belohnung dafür Zinsen.

Onkel Dagobert, der seine erste Million noch beim Goldschürfen am Klondyke und nicht durch Zocken an der Börse gemacht hat, ist also der Nutzen, allmorgendlich ein Geldbad nehmen zu können, wichtiger, als sein Geld »arbeiten« zu lassen.

Oder er ist in Wirklichkeit doch kein so herzloser Menschenschinder, wie er gerne von Donald, der Ente im Matrosenjäckchen, aber ohne Unterhose, genannt wird. Denn Geld arbeitet nicht!

Oder haben Sie schon mal Geld gesehen, das arbeitet? Haben Sie schon mal beim morgendlichen Griff in die Geldbörse einen abgegriffenen, labberigen Hunderter erwischt, der scheinbar eine anstrengende Nachtschicht hinter sich hatte? Oder ist Ihnen schon mal morgens auf dem Weg in die Firma ein Fünfziger fröhlich winkend auf dem Fahrrad entgegengekommen, der auf dem Weg ins Büro war? Wenn ja, war das wahrscheinlich, kurz nachdem Sie die weißen Mäuse gesehen haben und der rosa Elefant um die Ecke gebogen kam.

»Es ist gerade noch hell genug, um zu erkennen, dass es langsam dunkel wird«

Matthias Beltz,
zu früh Verstorbener

Als was sollte Geld auch arbeiten? Im Dienstleistungssektor als Hundeausführer? »Fuffi für Fiffi« sozusagen. Als Investmentbanker wäre es noch im Entferntesten denkbar – da soll ja der eine oder andere falsche Fuffziger darunter sein.

Geld arbeitet zwar nicht, aber wenn man erst mal ein paar Milliönchen auf der hohen Kante hat, kann man sich gegen dessen Vermehrung fast gar nicht mehr wehren. Bei fünf Millionen zum Beispiel, verzinst zu fünf Prozent per anno[29], nennt der Glückliche bereits am Ende des Jahres nach Adam Riese 5.250.000 Euro sein Eigen. Also satte 250.000 Piepen mehr. Das sind knapp 700 Euro Zinsen – am Tag! Da gibt es jeden Tag Nachtisch.

Eine Viertelmillion ist ungefähr so viel, wie zehn bundesdeutsche Durchschnittsverdiener mit Arbeit im Schweiße ihres Angesichtes nach Hause bringen. Inklusive früh aufstehen, zur Arbeit fahren, spät heimkommen und wie erschossen ins Bett fallen, das Wochenende kaum erwarten können und sich zwei Wochen Mallorca zusammensparen. Allerdings kriegen die in der Regel nicht im darauffolgenden Jahr eine fünfprozentige Lohnerhöhung. Der mit den fünf Millionen schon. Da gibt es dann nämlich Zinsen auf die Zinsen. So stehen am Ende des zweiten Jahres schon 5.512.500 Euro zu Buche. Dann 5.788.125, und nach vier Jahren hat man bereits die erste Million dazuverdient, ohne einen Handschlag getan zu haben – außer vielleicht den, mit dem man vom Sparkassendirektor freudig begrüßt wird.

So schnell geht das, wenn der Zinsstein[30] mal ins Rollen gekommen ist. Wenn zum Beispiel Josef von Nazareth

29 Wahrscheinlich würde es sogar in Niedrigzinszeiten mehr als lumpige fünf Prozent geben. Denn wer mit fünf Millionen im Köfferchen bei der Kreissparkasse auf der Matte steht, hat eine ganz gute Verhandlungsposition.

30 Nicht verwechseln mit Bimsstein. »Zinsstein« habe ich mir nur ausgedacht, weil es so schön passt ;-)

in der Stunde null für seinen Sohn[31] einen Euro bei der Judäischen Volksbank[32] zu fünf Prozent p.a. angelegt hätte, könnte sich dieser, sollte er heute wieder auf die Erde herniederfahren, über ein Vermögen in dieser Höhe freuen:

3.532.746.968.862.621.548.523.843.989.742.423.569.326.854

Das sind 3,5 Septillionen – eine Zahl mit 43 Stellen.

3.532.746.968.862.621.548.523.843.989.742.4<u>23.569.326.854</u>

Sehen Sie da hinten das unterstrichene Stück? Diesen winzigen Bruchteil der Gesamtsumme? Die letzten elf Stellen? In diesem läppischen Bereich bewegen sich finanziell die reichsten Leute der Welt. Warren Buffett, Bill Gates und Konsorten. Arme Würstchen!

Wat lernt uns dat? Geld arbeitet nicht![33] Wenn jemand Geld (in Form von Zinsen) bekommt, ohne etwas dafür zu tun, dann gibt es irgendwo jemanden, der arbeitet, aber dafür kein Geld kriegt – oder zumindest weniger. Entgegen der landläufigen Meinung lassen die Inhaber riesiger Sparvermögen nämlich nicht ihr Geld für sich arbeiten, sondern uns, die Zinszahler. Jahrzehntelang hielt sich in Börsenkreisen die Parole, das Kapital sei ein scheues Reh. Heute wissen wir, es ist ein asoziales Schwein.

Sie haben gar keinen Kredit laufen? Dann zahlen Sie gar

31 Oder für wessen Sohn auch immer, wir *wissen* es nicht, deshalb heißt es ja *Glaube*.

32 Oder der Volksbank von Judäa.

33 Man kann es nicht oft genug wiederholen!

keine Zinsen? Haben Sie eine Ahnung! Wenn Sie sich ab und zu mal einen neuen Pullover kaufen gehen, was zu essen oder auch meinetwegen ein Buch, stecken im Verkaufspreis die Zinsen mit drin, die der Hersteller für seine Verbindlichkeiten aus Vorlieferungen, Krediten bei der Bank oder Rendite an Eigenkapitalgeber berappen muss. Finanziert er sich vollständig aus eigenen Mitteln, rechnet er kalkulatorische Zinsen mit ein. Denn alternativ könnte er auch sagen: »Ich verkaufe den Laden und leg' die Kohle lieber auf mein Festgeldkonto.[34] Was würde ich da im Moment kriegen?« Das rechnen die alles in die Preise rein. Und jetzt raten Sie, wer das zahlt!

Und wenn Sie darüber hinaus noch zu den Unglücklichen gehören, die noch Steuern zahlen,[35] zahlen Sie damit ebenfalls Zinsen. Nicht direkt. Ihr Finanzminister nimmt Ihnen die Arbeit ab und macht das für Sie.

Dessen zweitgrößter Posten im Bundeshaushalt, nach »Arbeit und Soziales«, ist nämlich die Zinszahlung. Erst an dritter Stelle folgen übrigens die Militärausgaben. Da Deutschland heute am Hindukusch verteidigt wird, kommt dem Verteidigungsminister das dort vergleichsweise milde Klima zugute. Für unsere Offensivverteidiger ist dort nur relativ leichte Bekleidung notwendig und keine dicken Wintersachen, falls man mal wieder Russland überfallen will. Das spart.

Trotzdem regt sich die Bevölkerung regelmäßig bei Einbringung des Haushaltes in den Deutschen Bundestag über

34 Zumindest, wenn er auf morgendliche Geldbäder verzichten kann.
35 Vgl. »Reichensteuer«

die Höhe der Rüstungsausgaben auf und fragt sich, ob wir heute wirklich noch so viel Geld dafür ausgeben müssen. Mit Recht, denn im Falle eines Angriffs könnten wir uns genauso gut hinter unserem Schuldenberg verschanzen.

Der letzte Aufstand der Anständigen, was die hemmungslose Schuldenmacherei betrifft, liegt in Deutschland bereits fast 40 Jahre zurück. Finanzminister Möller trat 1971 von seinem Amt zurück, weil er die ausufernden Budgeterweiterungen seiner Kabinettskollegen nicht mit immer neuen Schulden finanzieren wollte. Sein Appell an den gesunden Menschenverstand blieb fruchtlos. Nur ein Jahr später warf bereits dessen Nachfolger, Karl Schiller (ja, genau – der, der zusammen mit Franz-Josef Strauß in Zeiten der Großen Koalition der Sechzigerjahre das legendäre Duo *Plisch & Plum* gebildet hatte)[36] entnervt das Handtuch, weil er bezüglich der Neuverschuldung keine »Nach-uns-die-Sintflut«-Politik betreiben wollte. Dessen Nachfolger wiederum segnete immer neue Rekordschulden ab und wurde zur Belohnung Bundeskanzler: Helmut Schmidt.[37]

Unter dessen Kanzlerschaft wurden dann endgültig letzte Hemmungen abgelegt, hin und wieder darauf zu achten, dass man nur ausgeben kann, was man auch eingenommen hat. Oder sich zumindest darüber Gedanken zu machen, dass der ganze Zaster auch irgendwann von irgendwem zurückgezahlt werden muss.

36 Die Spitznamen des ungleichen Politikerpaares gehen auf eine Geschichte von Wilhelm Busch gleichen Namens zurück, in der zwei kleine Hunde, der eine etwas fülliger, der andere eher asketischen Aussehens, sich blind verstehen.

37 Vgl. »Lieber fünf Prozent mehr Inflation als fünf Prozent mehr Arbeitslosigkeit«

»Von uns jedenfalls nicht!«, sagte sich die nachfolgende christlich-liberale Regierung unter Bundeskanzler Helmut Kohl mit den Finanzministern Gerhard Stoltenberg (1982-89) und Theodor Waigel (1989-98) im Schlepptau. Der Schuldenberg vergrößerte sich proportional zu Helmut Kohls Leibesumfang.

Auch in der darauffolgenden rot-grünen Koalition mit den Finanzministern Oskar Lafontaine (1998-99) und Hans Eichel (1999-2005) blieb man der Tradition treu, nach der Amtsübernahme und einem Kassensturz medienwirksam die Hände überm Kopf zusammenzuschlagen und die Hinterlassenschaft der Vorgänger zu geißeln – um dann genau dort weiterzumachen, wo die aufgehört hatten.

»Schulden sind eines der letzten Tabuthemen unserer Gesellschaft«
Peter Zwegat, Schuldenvorführer

Dass immer neue Schulden aufzunehmen, um wenigstens die Zinsen für die alten zahlen zu können, ähnlich schlau ist, als würde die Feuerwehr zum Löschen Benzin verspritzen, hat sich allerdings mittlerweile sogar auch in Regierungskreisen rumgesprochen. Wahrscheinlich als Gerücht, das hinter vorgehaltener Hand in der Bundestagskantine zuerst die Runde machte.

Daher hat man beschlossen, auf die Schuldenbremse zu treten. Die (nicht konjunkturbedingte) Nettokreditaufnahme des Bundes darf ab 2011 nur noch höchstens 0,35 Prozent des Bruttoinlandproduktes betragen. Netto? Brutto? Hä?

Egal – heißt einfach im Klartext, die dürfen nicht mehr

so viel Schulden machen und sollen ab 2016 (Bund) bzw. 2020 (Länder) einen ausgeglichenen Haushalt vorlegen. Bis dahin kann man das Geld, das man nicht hat, noch mal mit vollen Händen aus dem Fenster werfen. Schließlich ist Finanzkrise – und im Krieg, der Liebe und der Finanzkrise ist alles erlaubt. Neue Rekordschulden und das Verfehlen der eigenen Stabilitätskriterien für die nächsten Jahre (vom Maastrichtvertrag soll hier gar nicht erst die Rede sein) sind daher bereits beschlossene Sache. Aber dann soll alles besser werden.

Wie ein Spielsüchtiger, der schon Haus und Hof verzockt, Vater und Mutter verkauft, das Tafelsilber versetzt hat, bei der Bank nicht ganz unerheblich in der Kreide steht und Dauerkunde bei Peter Zwegat ist und sich deshalb auf eigenen Wunsch bundesweit für alle Spielbanken sperren lässt – aber bitte nicht sofort.

Und auch nicht immer und generell. Für Ausnahmesituationen hat man sich nämlich noch das eine oder andere Hintertürchen offen gelassen, zum Beispiel besonders schwere Rezessionen oder Naturkatastrophen wie Sintflut, Erdbeben oder ein abgebrochener Fingernagel.

Um eine solche Ausnahmeregelung in Anspruch nehmen zu können, ist dann die Zustimmung der Mehrheit im Deutschen Bundestag erforderlich. Da eine Regierung in der Regel über eine solche verfügt, braucht man kein zweiter Nostradamus zu sein, um vorherzusehen, wie eine solche Abstimmung ausgehen könnte.

Halten wir also fest: Ein notorisch seit Jahrzehnten Alkoholabhängiger, dem jeder Arzt dringendst in Anbetracht der Leberwerte die Umstellung auf Wasser und ungesüßte

Kräutertees verordnen würde, beschließt, noch einmal ein paar Jahre die Puppen tanzen zu lassen, sein Suffquantum nochmals erheblich zu steigern, um dann nur noch den Pegel zu halten.

Eine stationäre Entgiftung ist nicht geplant. Schulden*bremse* bedeutet nämlich nur die eingeschränkte Aufnahme neuer Schulden. Vom Abbau der alten ist da gar nicht die Rede. Was würden Sie Ihrem Autohändler erzählen, der als besonderen Vorzug des zu erwerbenden Fahrzeugs herausstellt, dass es zwar über eine Bremse verfügt (na, immerhin!), aber nicht über einen Rückwärtsgang? Fehlkonstruktion und reif für die Abwrackprämie, oder?

Da passt es sehr schön ins sprachliche Bild, dass der Automobilveteran und Perfektionierer der Fließbandarbeit Henry Ford bereits vor fast einhundert Jahren gesagt hat: »Würden die Menschen verstehen, wie unser Geldsystem funktioniert, hätten wir eine Revolution – und zwar schon morgen früh.«

Konkurrenz belebt das Geschäft:

Lieferantendiversifikation

Die Babylonier sind uns heute nicht nur als vermessene Turmbauer aus dem Alten Testament bekannt, sondern sie waren wahrscheinlich auch die Ersten, die Erdöl als Leuchtmittel einsetzten und mit Erdpech (Bitumen) die Straßen asphaltierten.

Heute schätzt die ganze Welt das »Schwarze Gold«, aus dem sich nicht nur Benzin und Heizöl herstellen lässt, sondern auch Lackfarben, Arzneimittel oder Chemiefasern. Ob Letztgenanntes immer dem Wohl der Menschheit diente, ist jedoch fraglich, wenn wir uns die Mode der Siebzigerjahre am Beispiel von grünen Polyesterhemden mit Riesenkragen vor Augen führen. Polyester wird aus Öl hergestellt. Wenn jeder nur ein grünes Hemd mit Riesenkragen weniger gekauft hätte, der Ölpreis wäre gesunken – und wir würden auf unseren Jugendfotos heute nicht so scheiße aussehen! In ebenjenen Siebzigern wurden die westlichen Industrienationen von zwei sogenannten Ölkrisen geschockt. Die OPEC hatte die Ölförderung um fünf Prozent gedrosselt. Gerade mal ein Zwanzigstel. Aber hier brach Panik aus!

Führen Sie sich der Anschaulichkeit halber vor Augen, Sie saufen jeden Abend zwanzig Pils – große! Eines schönen Abends sagt der Wirt in Ihrer Stammkneipe, dass heute mal nach dem neunzehnten Schluss ist. Würden Sie da in wilde Panik verfallen? Gut, ganz ausgeschlossen ist das nicht, aber dann kann Ihnen auch kein Ökonom weiterhelfen, sondern Sie sollten schleunigst mal einen Arzt aufsuchen. Allen anderen, die noch keine Schrumpfleber haben, wird jedoch klar, von welchem Verbrauchsvolumen hier die Rede ist![38]

Also trinkt man fortan in fünf verschiedenen Kneipen je vier Pils, dann geht die Rechnung wieder auf, und man begibt sich nicht in die Abhängigkeit eines einzelnen Schwankwirtes.

Heute schwappt daher die schwarze Brühe aus vieler Herren Länder – Russland, Norwegen, England, Saudi Arabien, Syrien, Algerien, Libyen, Nigeria, Venezuela und noch einigen anderen Staaten – zu uns heran. Die Lieferantendiversifikation macht es möglich, im Krisenfalle hier oder bei Lieferschwierigkeiten dort auf jeweils andere Lieferanten ausweichen zu können. Andererseits muss man natürlich darauf achten, nicht vom Verkäufer als Laufkundschaft eingestuft zu werden, die heute hier kauft und morgen da. Sonst gehen eine gute Verhandlungsposition und etwaige Mengenrabatte verloren. Andererseits verschafft man sich durch das geschickte Ausspielen der Lieferanten gegeneinander eine starke Position als Nachfrager.

Diese Art der Lieferantendiversifizierung ist selbstredend nicht in allen Lebenslagen und unter allen Umständen

38 Vgl. »Lieber fünf Prozent mehr Lohn als fünf Prozent mehr Arbeitslosigkeit«

opportun. Im Rahmen der Familienplanung beispielsweise nimmt eine Frau den Lieferanten des Erbgutes besonders kritisch unter die Lupe. Schließlich ist sie sich der Tatsache bewusst, dass der Vorgang unumkehrbar ist, ist die Lieferung erstmal in das Produkt eingeflossen. Da guckt man also lieber zweimal hin, statt gedankenlos am Wühltisch zuzugreifen.

Den Wühltisch gibt es natürlich auch – auch wenn dort aufwühlende Gefühle in der Regel eine untergeordnete bis keine Rolle spielen. Denn Sex ohne weitere emotionale Bindung, quasi als Teil der aktiven Freizeitgestaltung, ist zwar, darf man den einschlägigen Publikationen hinreichend Glauben schenken, auch in der Damenwelt längst weitgehend enttabuisiert – und das nicht nur für zwei Wochen im Sommerurlaub auf Ibiza –, die wichtigste Funktion ist jedoch nach wie vor die Fortpflanzung. Das steckt dem Menschen sozusagen in den Genen.

> **»Konkurrenz belebt das Geschäft – keine Konkurrenz belebt mein eigenes«**
> Marcus Ditters, ehemaliger Baulöwe

Nähert sich nun ein Männchen in freier Wildbahn dem Weibchen in eindeutiger Paarungsabsicht und bringt diese durch die Worte »Na, auch hier?« zum Ausdruck, denkt das umworbene Weibchen: »Was ist das denn für 'n Doofmann?« – und Gene von einem Doofmann wollen Weibchen nicht für ihren Nachwuchs.

Da eine Frau aber – im Gegensatz zum Manne, der nach vollzogenem Liebesspiel bestenfalls einschläft, in der Regel jedoch stehenden Fußes das Weite sucht – die etwaigen Konsequenzen eines amourösen Fehltrittes in ihre Kosten-

Nutzen-Rechnung einfließen lassen muss, beäugt sie wesentlich kritischer, wer sich da mit einem Kaffee beliebt machen will und das Blaue vom Himmel herunter verspricht.

Es ist nämlich nicht so, dass Frauen nicht fremdgehen würden. Auch oft aus reinem Spaß an der Freude des Augenblickes, aber häufig eben auch aus ökonomischem Kalkül: Ein attraktiver Seitensprungpartner verspricht das bessere Erbgut, der Ehemann zu Hause die gesicherte Aufzucht der Brut.

Tatsächlich soll es so sein, dass circa zehn Prozent aller Kinder in Deutschland ihrer Blutgruppe nach nicht von ihrem legalen Vater abstammen können. Diese »Kuckucksstrategie« ist die persönliche Nutzenmaximierung des Weibchens mittels Partnerdiversifizierung. Darüber hinaus, und das soll hier selbstredend nicht verschwiegen werden, stellen die Evastöchter sich damit in den Dienst des Volkes, sorgt doch die bessere Durchmischung des Genpools für gesünderen Nachwuchs – und entlastet damit das Gesundheitswesen.

Also, liebe Damen, wenn Sie beizeiten mal wieder in Versuchung geraten sollten, hin- und hergerissen sind zwischen dem heiligen Ehegelübde und den fleischlichen Freuden des Augenblicks, sagen Sie sich einfach: »Ich tue es für den Gesundheitsfonds!«.[39] Oder noch besser: »Fürs Vaterland!« Dabei können Sie mit Fug und Recht behaupten, dass unter diesem Motto schon größere Schweinereien gelaufen sind als jene, die Sie gerade beabsichtigen.

Allerdings kann und darf in diesem Zusammenhang

39 Vgl. »Gesundheitsreform«

nicht verschwiegen werden, dass die Männchen häufig eine ähnliche, weil ebenso auf Promiskuität fußende Strategie der Nutzenoptimierung verfolgen, nämlich ihrerseits wiederum die eigenen Gene so oft wie möglich in die Keimbahn einzugeben. Mit anderen Worten: Frauen optimieren die Qualität, Männer die Quantität – indem sie den Streuwinkel vergrößern. Hier kommt der dem Manne inhärente mathematisch-logische Ansatz zum Tragen: Je größer der Streuwinkel, desto größer die Wahrscheinlichkeit, dass da irgendwann irgendwo mit irgendwem ein zweiter Einstein oder Picasso rauskommt.

Allerdings ist man nie ganz auf der sicheren Seite. Denn auch ein »Herr« Küblböck, der hier beispielhaft vorgeführt werden soll, sicherlich bisweilen ganz putzig anzuschauen, aber im Großen und Ganzen sicherlich nicht in ganz naher Zukunft nobelpreisverdächtig, hat sich weiland im Mutterleibe gegen (durchschnittlich) 300 Millionen Konkurrenzspermien durchzusetzen vermocht. Mit so vielen, der eine ein paar mehr, der andere ein paar weniger, sind wir alle einmal ins Leben geschleudert worden – wenn es für die anderen 299.999.999 Kollegen auch nur wenige Stunden, höchstens ein paar Tage gedauert haben mag.

Insofern kann der Weg als Spermium zum Ei, den wir alle mit mehr oder weniger Bravour hinter uns gebracht haben, als die beste Vorbereitung aufs reale Leben bezeichnet werden. Im Büro konkurriert man vielleicht mit einer Handvoll Mitbewerbern um einen zukünftig vakanten Posten, auf dem Partnerschaftsmarkt in der Regel sogar nur mit einem einzigen Nebenbuhler. Hat man also seine 299.999.999 Mitbewerber erstmal ausgestochen, ist der Rest des Lebens doch ein Klacks, oder? Hier mal die Ellenbogen ausfahren, dort mal ein Bein stehen lassen, mehr ist doch oft gar nicht vonnöten, um den ungeliebten Konkurrenten aus dem Rennen zu kegeln. Dagegen ist die Wahrscheinlichkeit, die Hindernisrallye gen Uterus gegen eine schier übermächtige Anzahl von Konkurrenten in vollkommener Dunkelheit und ohne Navigationssystem zu gewinnen, doch verschwindend gering. Allerdings würde sich aus dem Mitführen einer Handlampe kein unmittelbarer Vorteil ergeben, da dem Spermium als solchem zum Licht das Auge fehlt, und zum Bedienen eines Navis die Finger. Die Wahrscheinlichkeit, dass gerade Sie jetzt mein Buch lesen und nicht eines Ihrer ehemaligen potenziellen Geschwister, ist verschwindend gering. Um mathematisch genau zu sein, 1 zu 299.999.999 – und trotzdem ist es so.

Auch der Verfasser dieser Zeilen kann selbige nur zu Papier bzw. Bildschirm bringen, weil auch er kaltlächelnd die ganzen da Vincis und Mozarts neben sich umgebracht hat. Und zu diesem Zeitpunkt noch nicht strafmündig war.

Was bedeutet dies aber nun im Hinblick auf unsere These, beiderlei Geschlecht verfolge durch extensive Kontaktpflege zum jeweiligen Gegenpart seine persönliche Nutzenstrategie? Sich von verschiedenen Anbietern beliefern zu lassen (man spricht sinnigerweise hier auch von *Horizontaler Diversifikation*), statt auf langfristig einseitige Lieferbeziehungen zu setzen, scheint in diesem Lichte nicht nur ökonomisch sinnvoll, sondern scheinbar auch natürlich. Denn nur sage und schreibe drei Prozent aller Säugetierarten leben monogam. Adler zum Beispiel. Und Füchse. Und Gänse. Besonderes Merkmal: Männchen und Weibchen sehen gleich aus, sind gleich groß und kümmern sich beide um die Erziehung der Jungen. Bei polygamen Arten hingegen sind die Männchen größer, aggressiver und kümmern sich einen feuchten Kehricht um die Aufzucht.

Und wer kümmert sich auch im 21. Jahrhundert für gewöhnlich immer noch einen Dreck um die Schulaufgaben der Kinder, aber poltert rum, wenn trotz teurer Nachhilfestunden weiterhin die mathematischen Leistungen der Brut im Zeugnis als mangelhaft ausgewiesen werden? Genau! Wir sind keine monogame Tierart. Daher macht die Partner-Diversifikation sehr wohl, die Einehe jedoch biologisch keinen Sinn. Und ökonomisch höchstens im Spezialfall, nämlich wenn man die Trennungskosten berücksichtigt. Schließlich müssen in diesem Fall wieder Balz- und Werbungskosten investiert werden, um auf dem Partnerschaftsmarkt erneut ins Geschäft zu kommen.[40] Und man darf die Kinder nur noch alle vierzehn Tage sehen. Ein hoher Preis – wenn es wirklich die eigenen sind.

40 Vgl. »Homo oeconomicus«

Geteilte Arbeit ist halbe Arbeit:

Arbeitsproduktivität

»Arbeitsteilung steigert die Produktivität!« Kann ja jeder sagen. Hat aber nicht jeder gesagt, sondern Adam Smith. Der war im Hauptberuf eigentlich Philosoph, war mit Rumphilosophieren aber scheinbar nicht ausgelastet, sodass er im 18. Jahrhundert nebenbei noch die Volkswirtschaftslehre erfunden hat.

Im Rahmen seines Standardwerkes *Der Wohlstand der Nationen*,[41] das als Geburtsstunde der Nationalökonomie, unserer heutigen Volkswirtschaftslehre, angesehen wird, untersuchte er als Erster das Zusammenwirken der persönlichen Nutzenmaximierung des Einzelnen auf die Nutzensteigerung der Gesellschaft – eben den Wohlstand der Nation. Besonderes Augenmerk hat er dabei der Arbeitsteilung und Spezialisierung gewidmet.

Früher, also ganz, ganz früher, hat jeder seine eigene Kleidung hergestellt, seine eigenen Sandalen genäht, seine eigenen Töpfe getöpfert und seine eigenen Waffen geschnitzt. Dann kam das Spezialistentum. Einer konnte beispielsweise aus Bärenfellen gut Bärenfellwesten schneidern.

41 Adam Smith, *An Inquiry into the Nature and Causes of the Wealth of Nations*, 1776

Oder Lendenschurze, Polohemden, Bermudashorts – was der Steinzeitmensch so angezogen hat, wenn er um 16.30 Uhr Feierabend hatte und sich flott geben wollte.

Ein anderer Höhlenmensch konnte nun hingegen zum Beispiel gut Keulen schnitzen. Aber mit dem Bärenfellwestenschneidern tat er sich unheimlich schwer. Darum begab es sich, dass der Keulenschnitzer den Bärenfellwestennäher zwecks einer geschäftlichen Unterredung aufgesucht hat. Dummerweise ohne vorherige Terminabsprache, denn der Fellwestennäher war gerade zu Tisch und wollte danach noch einen Außentermin wahrnehmen. Bei jedem abhängig Beschäftigten wäre eine Abmahnung wegen eigenmächtiger Verlängerung der Mittagspause und Verstoß gegen das Kernarbeitszeitgebot fällig gewesen. Da es noch keine abhängig Beschäftigten gab und Herr Schneider auf eigene Rechnung arbeitete, blieb dieser eigenmächtig freigemachte Nachmittag jedoch ohne Konsequenzen. Der Keulenschnitzer hinterließ seine Visitenkarte in Form eines Granitblocks und bat um Rückruf per Buschtrommel.

Darauf musste er allerdings auch am folgenden Morgen noch ein wenig warten, denn auf Herrn Schneiders Agenda stand ein sehr vielversprechendes Meeting mit seinem Nachbarn. Jener war ein hervorragender Sandalenmacher, tat sich jedoch wiederum mit Fellwesten ungeheuer schwer. Man kam überein, ein Joint-Venture zu gründen, um den Vertrieb von Fellwesten und Sandalen im großen Stil aufzuziehen. Ein wahrhaft vom Pioniergeist der Gründerzeit beflügelter Gedanke, der sofort pressewirksam mit dem Austausch der ersten Fellweste gegen das erste Paar Sandalen besiegelt wurde. Passt wie angegossen!

Mit seinen neuen Sandalen machte sich als der Fellwestenschneiderungsspezialist auf den Weg zum Keulenschnitzer, der am Vortag um Rücksprache bat. Dieser kam ihm gerade recht. Bei den zu erwartenden Einnahmen der neuen Firma wäre der Besitz einer Waffe zum Abwehren von Strauchdieben und sonstigem Gesindel äußerst ratsam.

Die Besprechung nahm jedoch einen für den Fellwestenschneider unangenehmen Verlauf. Am Ende hatte er einen zermatschten Kopf und zerschmetterte Glieder, der Keulenschnitzer, äußerst geschickt im Umgang mit seinem Spezialwerkzeug und nicht zimperlich beim Einsatz desselben, eine neue Fellweste, wenn auch etwas blutverschmiert, aber da war man damals nicht so pingelig, und wenn er die richtige Schuhgröße hatte, auch noch ein paar neue Sandalen dazu.

»Die einzige dauerhafte Form irdischer Glückseligkeit liegt im Bewusstsein ihrer Produktivität«
Carl Zuckmayer, Militärexperte

Auch der ungeübte Laie erkennt auf den ersten Blick, dass dieses System noch Schwächen hatte. Etwa die grundlegende, dass es noch kein Staatswesen gab. Ein Staatswesen, das den Bürgern unmissverständlich aufzeigt: Wenn hier einer die Keule schwingt und dir die Fellweste über die Ohren zieht, dann bin ich das!

Aber die Einführung der Arbeitsteilung wurde noch von einer Reihe anderer Probleme begleitet, von denen hier exemplarisch ein weiteres aufgezeigt werden soll. Beispielsweise war die Situation denkbar, dass sich ein Mitglied der Rotte als äußerst geschickt in der Herstellung von Töpfen erwies. Der Töpfer wurde beim Sandalenmacher vorstellig, um ihm eins seiner Exemplare zum Tausch anzubieten. Der Schuhmacher jedoch benötigte gar keinen Topf, weil er noch bei den Eltern in der Höhle wohnte, wo ihm die Steinzeitmutter noch jeden Tag lecker Mammutsülze kochte, Säbelzahntigerpfeffersteak mit Zigeunersauce, Flugsaurier-Eintopf oder Drachenwurst mit Pommes und Majo. Was das Herz begehrt. Jedenfalls brauchte der Schuhwerker keinen Topf, und der Topfmacher blieb auf seinem Topf sitzen.

Schon war die Kloschüssel erfunden!

Nun wollte natürlich keiner den Trend verpassen und weiter in die Höhle kacken, und jeder wollte einen Topf haben. Der Topfmacher kam mit der Produktion kaum noch nach, musste Leute einstellen, investieren, hat Aktien ausgegeben, irgendwann noch einen Kompagnon aufgenommen, und heute sind die unter dem Namen *Villeroy & Boch* als alteingesessenes Familienunternehmen allseits geschätzt und bekannt.

Der eingangs erwähnte Adam Smith hätte übrigens ebenfalls nur allzu gern eine Familie gegründet. Leider wurden seine Heiratsanträge, darf man den Überlieferungen Glauben schenken, allesamt abschlägig beschieden. Ob dies der Fall war, weil er als Schotte bei der Zuteilung des Haushaltsgeldes gegeizt hätte, ist nicht bekannt. Wahrscheinlicher ist jedoch, dass seine Angebeteten reihenweise Reißaus genommen haben, wenn Herr Smith ihnen als absoluter Theoretiker praktische Haushaltstipps zur effizienteren Abwicklung des Tagesgeschäfts mittels Steigerung der Arbeitsproduktivität gegeben hat.

Sowohl am einen (Ehemann verwaltet als Haushaltsvorstand das zur Verfügung stehende Einkommen) als auch am anderen (Ehemann hat nichts mit Hausarbeit zu tun, labert aber ständig rein) erkennt man unschwer, dass zu Smiths Zeiten die Uhren emanzipationsmäßig noch etwas anders gingen.

Allerdings ist ja noch gar nicht so viel Wasser den Rhein hinuntergeflossen, seit es auch in diesem unserem Lande nicht unüblich war, dass Teilaufgaben nach Geschlechterzugehörigkeit verteilt wurden: Der Mann geht arbeiten, die Frau macht den Haushalt. Also nach dem Abendessen allabendlich das gleiche Bild: Sie wäscht ab, er legt die Füße vor der Flimmerkiste hoch.

Es gab zwar immer auch Frauen, die einer Erwerbsarbeit nachgegangen sind, aber bis 1977 hatte der Ehemann das Recht, beim Arbeitgeber das Arbeitsverhältnis seiner Ehefrau mit der Begründung »Die schafft ihren Haushalt nicht!« zu kündigen (Paragraph 1358 BGB).

Hinweis des Autors: Wenn Sie eine Frau sind, bitte a) lesen. Wenn Sie ein Mann sind, bitte b) lesen.

a) Eine himmelschreiende Ungerechtigkeit, die zum Glück heute als antiquierte Ansicht gilt, überholt ist und ja auch gesetzlich korrigiert wurde.

b) Muss eine schöne Zeit gewesen sein.

Heutzutage ist Haushaltsarbeit natürlich ein fair unter den Lebensabschnittsgefährten und -innen aufgeteilter Bereich, in dem jeder seine Wünsche und Vorstellungen äußern kann sowie gemäß seinen Neigungen eingesetzt wird. Das heißt, sie wäscht ab – und er räumt das Geschirr falsch in den Schrank ein.

Ein Hemmschuh der Arbeitsproduktivität muss selbstverständlich stets mit seiner Enttarnung rechnen. Worauf die Unternehmerin unweigerlich ein Prozessreengineering durchführen wird. Gefahr erkannt, Gefahr gebannt: Teilaufgabe 2 (Einräumen) passt nicht zu Aufgabenträger 2 (Mann). Die Fehlerquelle AT2 muss daher aus dem Prozess ausgegliedert werden.

Und so wie das Pferd durch die Eisenbahn ersetzt wurde, nimmt den Platz von Aufgabenträger 1 (Frau) nun die Spülmaschine M1 ein. Daher hat AT1 freie Zeitressourcen, räumt selbst ein, und AT2 wird freigestellt. Und während die wenig edlen Rosse zum Ende des 19. Jahrhunderts nicht selten beim Metzger und anschließend als Sauerbraten auf dem Teller landeten, hat AT2 noch Glück, sagt sich »Guck an: Stell dich doof und dir geht's gut!« – und geht Fernsehen gucken.

Nächsten Tages werden die geänderten Dienstpläne verteilt, AT2 ist zum Wäschewaschen eingeteilt und kocht einen Kaschmirpulli von AT1 bei 95 Grad. Das Ergebnis würde sogar Barbie unter der Achsel zwicken und an der Taille zu eng sein.

Es ergeht eine mündliche Abmahnung. Die Kündigung droht, wenn AT1 merkt, dass AT2 der ihm zufallenden Teilaufgaben nicht gewachsen ist oder deren Erledigung nicht die erforderliche Ernsthaftigkeit zuteilwerden lässt. Sie könnte sich in ihrer Eigenschaft als Führungskraft des kleinen Familienunternehmens dazu entschließen, AT2 völlig aus dem Wertschöpfungsprozess auszugliedern, dessen Teilaufgaben selber, weil besser, zu erledigen und eine bestimmte Teilaufgabe, die sie beim besten Willen nicht alleine erledigen kann, durch One-Night-Stands abzudecken – also quasi durch Leiharbeit.

Obwohl, »*abzudecken*« ist vielleicht ein wenig unglücklich formuliert in diesem Zusammenhang. Jedoch »die Nachfrage *befriedigen*« könnte auch einen falschen Zungenschlag erhalten.

Im Ergebnis ist also eine Planstelle neu zu besetzen, die Unternehmerin würde das auch gerne tun, aber es fehlt wie immer am hinreichend qualifizierten Personal. Das ist die Situation auf dem deutschen Arbeitsmarkt!

An der Adam Smith nicht ganz unschuldig ist. Sein Ansatz war es zwar, den Wohlstand der Nationen, und damit auch des Einzelnen, durch produktivere Arbeitsleistungen zu mehren. Heute müssen wir jedoch feststellen, dass die Arbeitsteilung so gut funktioniert, dass ein Gutteil der Bevölkerung für derlei durchoptimierte, mechanisierte und globalisierte Arbeitsprozesse gar nicht mehr im Prozess selbst benötigt wird. Arbeitslos, abgeschoben, ausgegrenzt. Was wohl der Philosoph Smith über den Nationalökonomen Smith gedacht hätte?

Von der Entwicklungs- zur Sättigungsphase:

Produktlebenszyklus

Denkt Otto Normalverbraucher bei »PLZ« reflexartig an den 1941 in Deutschland eingeführten Zahlencode für die Zustellung von Postsendungen (zunächst zwei-, seit 1962 vier-, ab 1993 fünfstellig), hat die vorgenannte Buchstabenkombination für Otto Normalökonom eine gänzlich andere Bedeutung. Er meint den sogenannten Produktlebenszyklus. Dieser beschreibt den Prozess zwischen der Markteinführung eines Produktes sowie seinem Verschwinden vom selbigen und soll anhand des folgenden launigen Beispiels näher beleuchtet werden.

Wir alle kennen das – und wer es nicht kennt, hat vielleicht schon einmal aus dritter Hand davon gehört: Man findet eine Frau attraktiv, lädt sie zum Essen ein, geht mit ihr ins Kino oder im schlimmsten Falle sogar zu einer ansonsten für den Mann im Manne völlig abwegigen Veranstaltung wie beispielsweise Minigolf. Der feine Herr investiert also Balz- und Werbungskosten, in der Hoffnung und erklärten Absicht, dass diese sich alsbald amortisieren mögen.[42] In aufgeklärten und emanzipierten Zeiten wie der unsrigen sind natürlich auch Szenarien denkbar, in denen

42 Vgl. »Homo oeconomicus«

das vormals schwache Geschlecht die Restaurantrechnung übernimmt und mit ins Fußballstadion geht. Auf jeden Fall vertraut Frau aber ihrer besten Freundin an: »Du, ich habe da jemanden kennengelernt, mit dem könnte sich was entwickeln!« Man spricht daher in diesem Zusammenhang von der sogenannten »Entwicklungsphase«.

Danach entscheidet sich, ob der Markt das Produkt überhaupt annimmt. Kommen die beiden tatsächlich überein, den nächsten Lebensabschnitt miteinander teilen zu wollen, wird der Partner der besten Freundin/dem besten Freund vorgestellt, den Eltern sowie nach und nach im eigenen Bekanntenkreis eingeführt. Daher schimpft der Ökonom den zweiten Abschnitt des Produktlebenszyklus folgerichtig »Einführungsphase«.

Die anschließende »Wachstumsphase« ist durch den Zuwachs an gemeinsamen Erinnerungen, aber auch tatsächlichen irdischen Gütern gekennzeichnet. Der erste Urlaub wird gemeinsam gebucht. Eine Wohnung wird ebenfalls gemeinsam ausgesucht, eingerichtet und bezogen. Man ist unzertrennlich, kann die Finger nicht voneinander lassen, macht alles gemeinsam, es wächst zusammen, was zusammengehört, daher »Wachstumsphase«.

Daran schließt sich nahtlos die profitabelste und zeitlich längste Marktphase an, die sogenannte »Reifephase«. Das Produkt ist am Markt etabliert. Kennzeichnend für diesen Abschnitt des Produktlebenszyklus ist jedoch das Überschreiten des Gewinnhöhepunktes. Kleine Macken des anderen, die man ehedem noch so süß fand, bringen einen nunmehr an den Rand des Wahnsinns. Während sie noch vor Wochen dachte, wenn sie ihn selig auf der Couch ein

Nickerchen machen sah: »Och, wie niedlich er da schlummert«, denkt sie nunmehr: »Was liegt der alte Faulpelz da schon wieder rum und schnarcht, als wenn er Geld dafür kriegt?« Während er noch vor nicht allzu langer Zeit bewundernd bei sich feststellte: »Oh, sie hat aber unsere Wohnung geschmackvoll eingerichtet«, gehen ihm mittlerweile ihre geschwungenen, gerafften Tischdecken mit um die Obstschale arrangierten Blumenblättern einfach auf den Sack.

Unsensible Mitbewohner männlichen Geschlechts beklagen sich beim besten Kumpel, das Heim sei mit viel unnützem Firlefanz vollgestopft, der Diplomat formuliert: »Meine Freundin hat unsere Wohnung mit viel Liebe zum Detail eingerichtet.«

Denn Männer verfolgen bei der Wohnungseinrichtung, um bei diesem Exempel zu verharren, prinzipiell einen eher gebrauchsorientierten Ansatz. Er braucht ein Bett, einen Kühlschrank, einen Fernseher, einen Computer. Aber er braucht keine Terrakotta-Enten. Nicht im Flur, nicht auf der Fensterbank, nicht auf der Terrasse. Nirgendwo! Somit ergibt sich ein Interessenkonflikt, denn nicht selten ist die Dame des Hauses für Terrakotta-Enten das, was Konrad Lorenz für seine Graugänse war. Wahlweise auch für Strohblumen oder Teelichter oder alles zusammen.

»Wir werden das Telefon neu erfinden«
Steve Jobs, Obsthändler

Insbesondere bei Dutzenden im heimischen Quartier positionierten Teelichtern, die womöglich noch in kleinen Glasschüsselchen schwimmen, fragt der Mann sich, wofür sie eigentlich von Nutzen sein könnten? Einen Gebrauchswert vermag er lediglich darin zu entdecken, im Bedarfsfalle ein Leuchtfeuer anzünden zu können, falls die Gorch Fock mal vorbeigesegelt kommt und nach dem Weg fragt. Äußerst unwahrscheinlich jedoch, wenn das traute Heim in Amelsbüren im Münsterland steht.

Madame hingegen kann in seinen vor dem Bett abgelegten Klamotten oder der auf dem Klo herumliegenden ADAC-Zeitschrift keinen Zuwachs bezüglich des Wohnwertes erkennen, nachdem die Wolke-7-Phase einmal beendet ist. Die Reifephase neigt sich dem Ende entgegen und geht in die sogenannte »Sättigungsphase« über.

»Das Schlaraffenland wäre die Hölle für Innovatoren«
Hans-Jürgen Quadbeck-Seeger, Vorwärtsgewandter

Von Wachstum kann nun keine Rede mehr sein. Es ist gleich null oder sogar negativ. Die Anbieter überlegen daher, den Artikel vom Markt zurückzuziehen, oder versuchen mit einer Produktmodifikation noch zu retten, was zu retten ist. Sie zum Beispiel verspricht hoch und heilig, sie würde ab sofort auf keinen Fall mehr ihre abgeknipsten Fußnägel im Bad liegen lassen. Er versichert im Brustton der Überzeugung, er würde in Zukunft dafür im Gegenzug die eigenen Nägel an den unteren Extremitäten nicht nur zweimal im Jahr schneiden.

Zieht man sich also nicht zu diesem kritischen Zeitpunkt aus dem Markt zurück, schließt sich noch die »Rückgangsphase« an. Das Produkt wird zum Ladenhüter, gleichzeitig binden aber die Lagerbestände wertvolles Kapital.

Kennzeichnend für das Lebenszyklusphänomen ist seine Mehrschichtigkeit. Mehrere Lebenszyklen können also simultan auftreten und tun dies in der Regal auch. Ein Unternehmer wäre schlecht beraten, begänne er erst mit der Entwicklung eines neuen Produktes, wenn das alte in der letzten Lebensphase angekommen ist. Stattdessen wird der findige Anbieter immer mehrere Baustellen gleichzeitig bearbeiten. Ist ein Produkt in der Reifephase angekommen und sprudeln die Gewinne nur so, ist dies kein Grund, die Füße hochzulegen und den lieben Gott einen guten Mann sein zu lassen. Vielmehr muss, um das Unternehmen auch in ferner Zukunft am Florieren halten zu können, bereits in dieser Phase das nächste Produkt entwickelt werden. Insofern schadet es nichts, wenn Mann oder Frau auch in der Hochzeit der Gefühle für den derzeitigen Partner bereits Ausschau nach etwaigen Substitutionsprodukten halten, die die später entstehende Marktlücke nahtlos zu schließen vermögen. Heute schon an morgen denken!

Wer schreibt, der bleibt:

Abschreibung

Die Steuern sind zu hoch – weiß doch jeder.[43] Leistung muss sich wieder lohnen – wäre schön. Der Staat presst uns aus wie die Zitronen – wird niemand widersprechen. Wie schützt man also sein Geld vor dessen natürlichen Todfeinden Finanzamt und Ehepartner? Schließlich ist das gute alte Brauchtum der Grabbeigabe in unserem Kulturkreis in letzter Zeit völlig zu Unrecht aus der Mode gekommen. Eine Renaissance dieser urigen Sitte würde auch der Diskussion um die Neufassung der Erbschaftssteuer eine völlig neue Wendung geben.

Verbliebe nur noch das Problem mit den gefräßigen Haien von Finanzamt! Hier lautet das Zauberwort *Abschreibung*. Die hat natürlich für einen Zwölfjährigen in Form von ›spicken‹, ›schummeln‹ oder ›abpinnen‹ eine gänzlich andere Bedeutung als für Mitmenschen fortgeschrittenen Semesters, die versuchen, ihren sauerverdienten Mammon vor den geifernden Händen des Fiskus in Sicherheit zu bringen.

Wird der zwölfjährige Prüfling erwischt, werden ihm seine Eltern mitteilen, dass er sein Taschengeld für nächs-

43 Zumindest die, die man selbst zahlen muss. Die der anderen können natürlich gar nicht hoch genug sein.

te Woche abschreiben kann. Der nun ausbleibende Geldzufluss könnte in den Ausgabenplanungen des Jünglings für die anstehende Woche ein Haushaltsloch in die Kasse reißen, das durch vorhandene Eigenmittel nicht gestopft werden kann. Daher muss die beabsichtigte Anschaffung des begehrten Computerspiels auf anderem Wege in dieselben geleitet werden. Er geht es klauen. Weshalb der Computerspielefachverkäufer dieses nun wieder bei der nächsten Inventur als Schwund abschreibt. Das wirkt sich gewinn- und damit schließlich steuermindernd aus.

Wenn Sie mehr abschreiben, als Sie tatsächlich an Werteverlust zu beklagen haben, ist das für Ihren Geldbeutel sogar noch besser, wird jedoch von offizieller Seite mit dem unschönen Wort *Steuerbetrug* belegt.

Wobei die deutsche Sprache ja insgesamt trotz großer Literaten wie Goethe, Schiller und Hape Kerkeling wenig poetisch ist. Während bei uns das Behältnis für unsere beschuppten Freunde schnöde mit dem aus dem Lateinischen entlehnten *Aquarium* benannt wird, spricht beispielsweise der Japaner vom *Suizokukan* (水族館), dem »Palais für die Wasserfamilie«. Allein schon ein Gedicht. Warum also nicht nach den in Deutschland erdachten Euphemismen »Rubensfigur«, »Frontbegradigung«, »Minuswachstum«[44] oder dem läppischen »Steuerverkürzung« mal was wirklich Schönes für »Steuerbetrug«? »Abgabenmogelei für die Münzfamilie« zum Beispiel. Wer schreibt, der bleibt. Wer abschreibt, spart Steuern.

44 Vgl. »Wachstum«

Drum prüfe, wer sich länger bindet:

Fusion

In der guten alten Zeit galten auf dem Schulhof klare Regeln: Klaus-Peter, Frank oder Michael drückten Heike, Kerstin oder Sabine verstohlen in der großen Pause ein Briefchen in die Hand. In dem stand kurz und bündig: »Willst du mit mir gehn? Kreuze an: Ja. Nein. Vielleicht.« Dann haben Heike, Kerstin oder Sabine ja, nein oder vielleicht angekreuzt und Klaus-Peter, Frank oder Michael das Briefchen ebenso verstohlen rückübereignet. Von nun an »ging« man miteinander, das hieß Klaus-Peter, Frank oder Michael hatten fortan ihre Ahoi-Brause mit Heike, Kerstin oder Sabine zu teilen sowie ihr Fahrrad zu halten, wenn sie es vorzog, auf der Wiese herumzutollen.

Natürlich sind auch Einzelfälle ruchbar geworden, in denen Heike, Kerstin oder Sabine das Briefchen von Klaus-Peter, Frank oder Michael nur Sekunden nach dem Erhalt und ohne dass er die Chance hatte, sich rasch zu entfernen, dem umstehenden Freundinnenkreis laut vorgelesen und unter schallendem Gelächter der umstehenden Annemaries, Yvonnes und Christines in tausend kleine Schnipselchen zerrissen hat. Begleitet von Annemaries, Yvonnes und Christines Gejohle warf sie das Konfetti hoch in die Lüfte, sodass Klaus-Peter, Frank oder Michael nicht nur emotional, sondern auch bildlich im Regen stand.

Heute sind auch die Jüngsten bereits mit modernsten Kommunikationsmitteln vertraut, sodass Marcel-Justin-Joel seiner Angebeteten Lara-Charleen-Jaden eine SMS folgendes Inhaltes zukommen lässt: » /(-_-)\ KAMASUTRA --<--{@ ~O°> ><)))°> (.Y.) C_/ :-# @(°o°)@ «[45]

Andere Zeiten, andere Sitten! Beides führt aber im Falle der Zustimmung der Angebeteten zum gleichen Ergebnis, nämlich dem Zusammenschluss, auch als Fusion bezeichnet.

Der Autohersteller Ford führt übrigens ein Modell Namens *Fusion* im Katalog. Was vor dem Hintergrund der Herkunft aus dem Lateinischen, *fusio* für *Schmelze*, *Guss* oder insbesondere *Ausfluss,* etwas wagemutig anmutet. Nicht unwahrscheinlich jedoch, dass man trotz der etwas schlüpfrigen Bedeutung dem Gleichklang zu Ford Fiesta und Ford Focus dem Ford Fusion den Vorzug gegeben hat. Es sollte halt was mit F sein. Aber Ausfluss? Warum nicht gleich *Ford Fäkalien*, *Ford Flatulenz* oder *Ford Fußpilz*?

B2T[46]: Nicht von ungefähr nennt man eine Fusion, insbe-

45 **/(-_-)**: Hey, Puppe!
KAMASUTRA: Knackiger, attraktiver Mann sucht Traumfrau.
--<--{@: Daher sende ich dir eine Rose.
~O°>: Also Maus,
><)))°>: lass mich nicht lange zappeln wie einen Fisch an der Angel,
(.Y.): denn deine Möpse machen mich total an!
C_/: Hast du mal Bock auf einen Kaffee mit mir?
:-#: Aber lass deine Zahnspange zu Hause!
@(°o°)@: Dein Koalabär

46 »B2T« schreiben diejenigen für »back to topic« (»zurück zum Thema«), die auch mit @(°o°)@ unterzeichnen.

sondere von großen Konzernen, »Elefantenhochzeit«. Kennzeichnend hierbei ist die Freiwilligkeit (also keine ungewollte Schwangerschaft und den Schwiegervater mit dem Hackebeil im Anschlag) beider Fusionspartner und die Begegnung auf Augenhöhe.

Nun hängt es vom Verhandlungsgeschick der Vertragspartner ab, wie sich sein jeweiliges Alt-Unternehmen im neuen Konzern positioniert. Es ist ja zum Beispiel nicht ganz unwahrscheinlich, dass die Bundesrepublik der DDR beigetreten wäre und nicht umgekehrt, wenn für den Arbeiter- und Bauernstaat am Verhandlungstisch statt Günter Krause Uli Hoeneß Platz genommen hätte.

Hochzeit, Brautkleid, dreistöckige Torte. Man freut sich darauf, fortan mit dem anderen Tisch und Bett zu teilen, aber wie im richtigen Leben geht am nächsten Morgen schon der Ärger los.[47] Nach in der Regel jahrelangem, gemütlichen Singledasein sollen jetzt plötzlich zweie zusammenleben, die vorher in ihrer eigenen Wohnung machen konnten, was sie wollten. Die Socken vors Bett werfen, die Zahnpastatube heruntergeklappt lassen, den Klodeckel nicht richtig zudrehen usw. usf. Diese kleinen Eigenheiten haben vorher niemanden gestört, aber jetzt ist plötzlich jemand da, der sagt: »Das gab es bei uns zu Hause aber nicht! Räum gefälligst deine Socken hier weg!« Schnell wird klar, dass zwei Welten aufeinanderprallen. »Das gab es bei uns zu Hause aber nicht! Investitionen haben wir sonst immer ganz anders bewertet.« Also muss Klarheit geschaf-

47 Eigentlich schon viel eher. So wie bei *Volkswagen* und *Porsche*, die sich schon Wochen und Monate vor der Hochzeitsnacht erbittert darüber gestritten haben, wer denn nun oben liegen darf.

fen werden. Und da setzt sich in der Regel das klügere Konzept nur dann durch, wenn es auch das des Stärkeren ist.

Zur Beruhigung für alle, und um den äußeren Schein zu wahren, veranstaltet man noch ein paar Workshops, die unter Titeln wie *Zum Zusammenwachsen der Unternehmenskulturen*, *Dialog fördern* oder *Vorwärts immer, rückwärts nimmer* stehen, auf denen es lecker Essen gibt und die vor allem viel Geld kosten.

Während der Unternehmensalltag sich langsam einstellt (Der eine sagt: »Mach gefälligst den Klodeckel runter, wenn du fertig bist!«, der andere denkt: »Pah, zu Hause habe ich immer ins Spülbecken gepinkelt!«), werden die Liebenden gewahr, dass sie noch ein unbewältigtes Problem vor sich herschieben: Weil aus zwei Wohnungen eine wird, haben die jetzt alles doppelt. Toaster, Waschmaschine, Fernseher, Buchhaltung, Personalabteilung, Außendienstmitarbeiter. Das Problem ist allerdings ziemlich einfach zu lösen: Man guckt mal, wer den besseren Toaster hat, den anderen schmeißt man weg.

»Das Zeitalter der Fusionen hat Unternehmer als bloße Übernehmer entlarvt. Und mancher hat sich dabei übernommen«

Markus M. Ronner,
Zitatenschatzheber

Jene Vorgehensweise ist auch in Vorstandskreisen durchaus Usus. Getreu dem Highlander-Motto *Es kann nur einen geben* muss einer der bisherigen Vorstandsvorsitzenden seinen Hut nehmen. Der Arme fühlt sich zwar nun wie eine Eintagsfliege kurz vor Sonnenuntergang, kriegt aber immerhin noch eine kleine Abfindung, damit er keinen Krawall mehr macht und sich seiner Wege trollt.

Als von der Öffentlichkeit beachtete Eheschließungen der letzten Jahre seien hier beispielhaft die der Autobauer Chrysler und Daimler-Benz zu DaimlerChrysler (mittlerweile wieder geschieden), VEBA und VIAG zu E.on (fett im Geschäft dank Liebesheirat) oder Hoechst und Rhône-Poulenc zu Aventis (mittlerweile seinerseits nicht ganz freiwillig mit dem französischen Pharmakonzern Sanofi-Synthélabo zu Sanofi-Aventis verschmolzen) genannt.

Apropos »Haft«: Unfreiwillige Fusionen oder (feindliche) Übernahmen führen oftmals zu Missgunst und Unbehagen unter den Beteiligten. Ob Rücktritte, Absetzungen oder Prämienzahlungen, im Getümmel einer Übernahmeschlacht geht es drunter und drüber, sodass, wenn sich der Pulverdampf gelegt hat, manchmal gerichtlich überprüft werden muss, ob sich jemand eines Kriegsverbrechens schuldig gemacht hat.

So geschehen in der legendären Übernahmeschlacht zwischen dem englischen Telekommunikationskonzern Vodafone Airtouch PLC und der deutschen Mannesmann AG. Deren Vorstandvorsitzender Klaus Esser sowie einige Mitglieder aus Aufsichtsgremien des Unternehmens haben sich erst mit Händen und Füßen gegen die Zwangsheirat gewehrt. Dann mehr oder weniger über Nacht ihre Meinung geändert. Dass dieser Stimmungsumschwung mit der Zahlung einer Mitgift durch den Bräutigam erkauft wurde, ließ sich allerdings nicht nachweisen. Esser hat zwar 60 Millionen D-Mark (in Worten: sechzig!) erhalten, ob zu Unrecht, konnte jedoch nicht abschließend festgestellt werden, da das Verfahren gegen Zahlung von 1,5 Millionen Euro eingestellt wurde.

Ein Urteil mit Signalwirkung, auf das sich in Zukunft auch gewohnheitsmäßige Bankräuber berufen dürften. Hat ein Beutegang beispielsweise 12.476,20 Euro eingebracht, könnte analog dem Gericht vorgeschlagen werden, gegen eine Zahlung in Höhe von fünf Prozent, also 623,81 Euro, das Verfahren abzukürzen, um die deutsche Gerichtsbarkeit zu entlasten. So wäre allen gedient.

Der Toaster hat von der Einstellung des Verfahrens übrigens auf dem Flur des Arbeitsamtes erfahren, wo er heute nur noch ganz kleine Brötchen backt.

Big (Mac) in Japan:

Preisdifferenzierung

Aus Verkäufersicht kann es durchaus sinnvoll sein, das von ihm offerierte Gut zu verschiedenen Zeiten oder an verschiedenen Orten oder an verschiedene Personen oder bei Abnahme verschiedener Mengen (oder alles zusammen) zu verschiedenen Preisen anzubieten. Der Ökonom spricht von zeitlicher, regionaler, personeller und mengenmäßiger Preisdifferenzierung.

Letztgenannte ist dem Volksmund auch bekannt als Mengenrabatt. Je mehr Sie kaufen, desto niedriger der Stückpreis, und der Verkäufer macht seinen Gewinn über die Menge. Stellt er beispielsweise einen Artikel für 20 Euro her und verkauft ihn für zehn, lacht er sich ins Fäustchen und denkt: »Die Menge macht es dann!«.

Die zeitliche Preisdifferenzierung begegnet uns zum Beispiel allenthalben im Rahmen der bekannten »Happy Hour« in einschlägigen Lokalen, in denen alkoholische Getränke ausgeschenkt werden. In ansonsten verzehrschwachen Zeiten bietet der Wirt Cocktails zu besonderen Konditionen an. »Zwei Drinks zahlen, einen trinken!« Ist ja auch besser für die Leber.

Zeitliche Preisdifferenzierungen bieten darüber hinaus einen großen Zusatznutzen für vergessliche Zeitgenossen.

Steigen beispielsweise an der Tankstelle die Benzinpreise in astronomische Höhen, wissen wir: »Aha, stimmt ja, die großen Ferien stehen vor der Tür.«

Insbesondere Anbieter von öffentlichen Nahverkehrsmitteln bedienen sich des Instruments der personellen Preisdifferenzierung. Neben dem normalen Fahrpreis gibt es ermäßigte für bestimmte Personengruppen wie Schüler, Studenten, Rentner und sonstige Randgruppen. Darüber hinaus werden bei Bedarf auch weitere Sonderkonditionen angeboten, so zum Beispiel für Personen, die ohne gültigen Fahrausweis in Bus oder Straßenbahn angetroffen werden. Das erhöhte Beförderungsentgelt von in der Regel 40 Euro kann dabei als Sonderzuschlag für in der Vergangenheit mutmaßlich bereits genossene Beförderungsleistungen angesehen werden. So gleicht sich alles wieder aus im Leben.

Aber auch im Fernverkehr sind durchaus brauchbare Beispiele für personelle Preisdifferenzierung überreichlich im Angebot. Sind Sie zum Beispiel zwillingsgeborener Schiffschaukelbremser in der fünften Generation, regelmäßiger Benutzer der Rathauskantine zwischen 12.06 Uhr und 13.76 Uhr, haben bis zu drei Elternteile vollständig in Pflege und möchten mit zwei als Haustiere deklarierten Stehlampen an einem ungeraden Feiertag nach Wangen im Allgäu reisen – dann fände sich in der Tarifstruktur der Deutschen Bahn sicherlich ein Tarif, der für die Belange Ihrer Person wie maßgeschneidert ist. Rechnen Sie als schlauer Ökonom allerdings die Informationsbeschaffungskosten, also die Zeit, die Sie aufwenden müssten, um den Tarifdschungel der Bahn nur ansatzweise zu durchsteigen, mit ein, fahren Sie als Vollzahler auf jeden Fall billiger.

Auch ein Flugticket wäre alternativ locker bezahlbar. Da Wangen bislang nicht über einen eigenen Flughafen verfügt, müsste hier jedoch zuvor noch ein Planfeststellungsverfahren durchlaufen, entsprechende Genehmigungen eingeholt, Baugrund erschlossen, entsprechend beackert und der Hafen schließlich in Dienst gestellt werden. Auch dies stellt jedoch vor dem Hintergrund der eben erwähnten Informationsbeschaffungskosten zumindest finanziell für Sie kein Problem dar. Wahrscheinlich machen Sie sogar zeitlich einen Gewinn, da Sie auf diese Weise sogar eher in Wangen sind als mit der Bahn.

»Ein Zyniker ist ein Mensch, der von allem den Preis und von nichts den Wert kennt«

Oscar Wilde,
junger Jugendwahnverächter

Subtiler ging da bisweilen der Hersteller einer bekannten Jeansmarke vor, indem er seine feilgebotenen modischen Produkte mit einem winzigen roten oder einem ebenso winzigen orangefarbenen Fähnchen an der Gesäßtasche versah. Während die rot bemusterten Exemplare sündhaft teuer, und damit nicht für jeden Kunden erschwinglich, angeboten wurden, waren die orange markierten auch sündhaft teuer, aber eben nicht ganz so wie die roten. Ob Orange in diesem Zusammenhang wirklich für geringere Qualität, zweite Wahl oder fehlerhafte Ware steht, ist dabei völlig belanglos. Nun konnten auch Leute mit niedrigerer Zahlungsfähigkeit oder -bereitschaft eine Levi's-Jeans erwerben – und die anderen sich für was Besseres halten. Und so ist schließlich jedem gedient. Vor allem dem Jeansfabrikanten.

Wer sommertags gern die Jeans mit der Badehose

tauscht, aber verabsäumt, sich für den Besuch eines Freibades entsprechend zu proviantieren, wird sehr schnell feststellen, dass dortig angebotene Lebensmittel, wir wollen Freibad-Pommes mal wohlwollend dazuzählen, nicht eben selten doppelt so teuer sind wie an der heimischen Frittenbude. Ein klarer Fall von regionaler Preisdifferenzierung. Willst du Pommes, heißt es: »Friss oder stirb!«. Und nicht nur böse Zungen behaupten, bei der vorherrschenden Qualität von Freibad-Pommes müsste es eigentlich heißen: »Friss und stirb!«.

Trotzdem stehen die Badegäste an der Imbissbude Schlange, um einer Miniportion für sagenhafte 2 Euro 80 habhaft zu werden. Warum? Wieso? Weshalb? Schmecken die frittierten Kartoffelstäbchen dort besser als in der Pommesbude zu Hause um die Ecke? Wohl kaum, denn wer führe zum Pommesessen wohl extra ins Freibad? In der Regel sind die Pommes im Freibad sogar eher von minderer Güte. Trotzdem werden sie gekauft.

Allerdings nicht zu jedem Preis. Aber bei 2 Euro 80 sagen wir durchschnittlichen Badbesucher: »Ja, ist teuer, aber die gönn' ich mir heute mal!« Bei 2 Euro 90 wären es vielleicht schon ein paar weniger, aber nicht viele. Bei drei Euro würden schon mehr Nahrungssuchende sagen: »Jetzt ist aber Feierabend!« Die drei vor dem Komma ist eine Preisschranke. Eine Schallmauer, die potenzielle Nachfrager abschreckt, wenn auch nicht alle.

Würde ein Schälchen statt 2 Euro 80 jedoch 28 Euro kosten, würde der Absatz gen null tendieren. Diesen Wucherkurs würden sich wahrscheinlich nur reich begüterte Zeitgenossen leisten. Da die aber in der Regel dann einen

Swimmingpool ihr Eigen nennen, sind diese wiederum nur höchst selten im Freibad anzutreffen.

Den gegenüber der Frittenschmiede an der Ecke aufgerufenen erhöhten Preis kann der Anbieter im Freibad sich erlauben, weil sein Imbissstand nicht mit anderen Pommesbuden konkurriert, sondern höchstens mit Muttis mitgebrachtem Picknickkorb. Also Äpfeln mit Druckstellen, braunen Bananen und belegten Broten, auf denen die Wurst an den Seiten stark in Richtung des Himmelskörpers zeigt, dem sie schon den ganzen Tag ausgesetzt war.

Lösungsvorschlag: Gehen Sie gar nicht erst ins Freibad. Da pinkeln die Blagen sowieso den ganzen Tag ins Becken, Sie kriegen einen Fußball an den Kopf geschossen, und die Toiletten sehen schlimmer aus als ein ICE-Klo im Waggon eines Kegelclubs nach der Fahrt von Flensburg nach Passau oder umgekehrt.

Wenn Sie jedoch nicht auf Freibadbesuche verzichten wollen, empfehle ich Ihnen eine bestimmte Badeanstalt in Tokio. Im Rahmen eines Ortstermins in den späten Neunzigerjahren hat sich der Autor dieser Zeilen persönlich davon überzeugen können, dass die regionale Preisdifferenzierung dort nur sehr lasch gehandhabt bis gar nicht eingesetzt wurde. Leider weiß ich den Namen nicht mehr, da ich die Schriftzeichen nicht lesen konnte.

Die Pommes kosteten dort genauso viel wie im 7-Eleven-Shop an der Ecke und eine Cola nicht mehr als im Supermarkt. So behalten Sie noch Geld übrig für eine Extraportion Bambus mit Majo oder Kugelfisch mit Ketchup. Quasi ein komplettes XL-Menü.

Allerdings können Sie für einen Freibadbesuch in Japan, Flugkosten, Unterkunft, Eintrittskarte – keine Ermäßigung – mehr als tausend Portionen Pommes in einem Freibad hierzulande und hierzuwasser mampfen. Und genau das haben unsere hiesigen Frittiermeister gnadenlos einkalkuliert!

Ich glaube nur der Statistik, die ich selbst gefälscht habe:

Arbeitslosenquote

Eine Quote beschreibt den (oft prozentual ausgedrückten) Anteil einer Untermenge im Verhältnis zur Gesamtmenge. Oder einfacher ausgedrückt: »Irgendwas mit geteilt durch irgendwas anderes.« Junge Männer auf Freiersfüßen sprechen zum Beispiel von der sogenannten »Abschussquote«, um in prahlerischer Absicht den Anteil von ebenso jungen Damen zu bezeichnen, die im Rahmen eines amourösen Stelldicheins auch weitergehenden Handlungen nicht unaufgeschlossen gegenüberstehen.

Eine andere Quote ist beispielsweise die Arbeitslosenquote. Und hier wie dort nimmt man es mit der Wahrheit in der Regel nicht so genau. Während die erstgenannte Verhältniszahl meistens bei annähernd 100 Prozent liegt – nur übermäßige Aufschneider und PISA-Versager berichten von Erfolgsquoten jenseits der 100 Prozent! –, hat man bei der Arbeitslosenquote im Gegentum dazu ein vitales Interesse daran, diese möglichst klein erscheinen zu lassen.

Die Arbeitslosenquote gibt den Anteil der namensgebenden Bevölkerungsgruppe an der Gesamtheit der Erwerbstätigen und -losen an. Genauer gesagt: Der Anteil der registrierten Arbeitslosen. Noch genauer gesagt: Der Anteil der registrierten Arbeitslosen, die noch nicht per statistischer Luftbuchung oder Umdefinierung der Zugehörigkeitskriterien aus der Arbeitslosenstatistik entfernt wurden. Am genauesten gesagt: Das, was die Regierung trotz aller Verschleierungstaktiken und abenteuerlicher Tarn- und Täuschaktionen nicht im statistischen Nirwana verschwinden lassen konnte.

Denn eine Regierung weiß: Kurz vor einer Wahl – und in Deutschland stehen ständig irgendwelche Urnengänge ins Haus, sei es auf Bundes- oder Landesebene, im Kommunalbereich oder Europa – macht es sich einfach besser, wenn die von der Bundesarbeitsagentur monatlich veröffentlichten Arbeitslosenzahlen sinken statt steigen. Der Wähler denkt dann: »Ach, guck mal, dreieinhalb Jahre habe ich jetzt gedacht, die da in Berlin kriegen ja gar nichts hin, verplempern mein Steuergeld und sitzen sich ansonsten die Ärsche platt – aber jetzt beginnen die Maßnahmen der Regierung zu greifen. Prima, die wähl' ich demnächst wieder!«

Wenn die böse Wirtschaft aber nun einmal partout keine Leute einstellen, die Regierung aber nun einmal partout wiedergewählt werden will, müssen halt die Arbeitslosenzahlen sinken, ohne dass die Arbeitslosenzahlen sinken. Dem seligen Winston Churchill wird die Kurzformel zugeschrieben, er glaube nur der Statistik, die er selbst gefälscht habe.[48]

So zählt man – getreu dem Pippi-Langstrumpf'schen Motto »Ich mach mir die Welt, wiedewiedewie sie mir ge-

48 Allerdings gibt es auch Stimmen, die behaupten, selbst dieses Zitat sei gefälscht. Der deutsche Propagandaminister Joseph Goebbels habe es Churchill untergeschoben, um diesen seinerseits zu diskreditieren.

fällt« – Menschen, die von der Bundesagentur für Arbeitslosigkeit zu staatlich geförderten Arbeitsbeschaffungsmaßnahmen vergattert wurden, oder Jobsuchende, die von privaten Vermittlern betreut werden, oder sonstige Ein-Euro-Sklaven in der Statistik einfach nicht mehr mit. Schon vermeldet die Tagesschau, dass die Arbeitslosenquote über Nacht gesunken ist.

Statistiken gehören zum Handwerkszeug des gewieften Polit-Ökonomen wie das tiefe Dekolleté zu Verona Poth oder der rote Kopf zu Uli Hoeneß. Wenn der Volkswirtschaftler den Rentenbedarf im Jahr 2054 berechnen will oder der Betriebswirtschaftler anhand von sogenannten Kundenkarten (zum Beispiel *Payback*) das Einkaufsverhalten der Käufer analysieren möchte, fertigt er eine Statistik an.

Der Bevölkerungsstatistik beispielsweise verdanken wir die Erkenntnis, dass die meisten Männer zwar die schlimmsten Krankheiten überleben, die wenigstens jedoch die eigenen Ehefrauen. Letztgenannte haben statistisch eine sieben Jahre größere Lebenserwartung als Männer. Wissenschaftlich betrachtet hat man hier die Massenerscheinung »Sterblichkeit« quantifiziert und hat so herausgefunden, dass es einen Unterschied gibt zwischen der Bevölkerungsgruppe »Männer« und der Bevölkerungsgruppe »Frauen«.

Will man dem Geheimnis des zwar nicht ewigen, aber immerhin längeren Lebens auf die Schliche kommen, gilt es also zu ergründen, ob der Körperbau, die Gene oder die Benutzung von Nagellack und Lippenstift als Verursachungsgründe für das vorgenannte Phänomen in Betracht kommen. Das alles und noch viel mehr zu untersuchen wäre die reinste Sisyphosarbeit. Eine statistische Abkürzung nehmen wir mittels der Frage, ob es auch Männer gibt, die älter werden als Männer? Und die gibt es, nämlich Mönche. Ordensbrüder werden statistisch gesehen älter als der Rest der männlichen Bevölkerung. Was aber haben nun Mönche und Frauen gemeinsam? Mönche sind still und genügsam, das kann es also schon mal nicht sein. Beide tragen Kleidungsstücke, die unten offen sind. Vor dem Hintergrund der hiesigen Wintertemperaturen auch nur ein schwacher Indikator für eine höhere Lebenserwartung. Eher im Gegenteil.

Und doch gibt es eine gravierende Parallele im Leben von Mönchen und Vertreterinnen des weiblichen Geschlechts: Beide kaufen sich nicht mit vierzig einen Porsche, um »noch mal so richtig durchzustarten«, und beiden ist es nicht wichtig, mit derlei Imponiergehabe wie Bungeejumping oder Wildwater-Rafting an ihre Grenzen zu gehen – und allzu oft darüber hinaus. Sie setzen sich einfach generell weniger Risiken aus als der statistische Durchschnittsmann. Da haben wir den Churchill wieder: No sports!

> **»Zu fünfzig Prozent haben wir es geschafft, aber die halbe Miete ist das noch nicht«**
> Rudi Völler, Kopfrechner

Ob mit einem Sportwagen aus Zuffenhausen oder ohne, die Verkehrsstatistik zeigt uns, dass ungefähr zehn Prozent aller Verkehrsunfälle in Deutschland durch Alkohol am Steuer verursacht werden. Im Umkehrschluss heißt dies jedoch, dass neunzig Prozent der Unfälle von Nüchternen gebaut werden. Was eindeutig für die Einführung der 1,5-Promille-Grenze spräche. Und zwar dergestalt, dass Verkehrsteilnehmer, die unter den vorgenannten Pegel abzusinken drohen, sofort nachtanken müssen oder aus dem Verkehr gezogen werden.

Der Alkoholgehalt im Blut wird, wenn die Atemluftprobe, das sogenannte »Pusten«, nicht eindeutig oder der Grenzwert von 0,5 Promille erreicht ist, per Stichprobe ermittelt. Per Einstichprobe wird sozusagen die Teilmenge der Grundgesamtheit untersucht. Ein kleiner Pieks in die Vene seitens des Polizeiarztes lässt das Blut fließen und die Wahrheit ans Tageslicht kommen. Wenn in den wenigen abgenommenen Tropfen des Lebenssaftes eine bestimmte Alkoholkonzentration vorherrscht, ist dies auch im Rest des Körpers der Fall. Die Stichprobe ist daher in der Statistik eine wichtige Methodik. Man untersucht nicht alle Merkmalsträger, sondern nur bestimmte, ausgesuchte oder zufällige, und schließt dann auf die Grundgesamtheit. Auf eben jene Weise werden auch Umfragewerte von Politikern oder die Einschaltquoten im Fernsehen ermittelt.

Es gibt nur knapp 6.000 Haushalte in Deutschland, die mit einer sogenannten Quotenbox ausgestattet sind. Einem Apparat, der registriert, was wann von wem geguckt wird. Und wenn nun ein achtundvierzigjähriger Schwachstromelektriker, der Einlagen trägt und allergisch auf Weizenmehl reagiert, bei »Wetten, dass..?« sanft entschlummert ist, wird er trotzdem bei der Einschaltquote mitgezählt. Umgekehrt ist es so, dass, wenn nur genau bei diesen ausgesuchten Zuschauern die Flimmerkiste läuft, der Rest der Republik auf Urlaub sein oder im Luftschutzkeller sitzen kann, Tommy Gottschalk hat trotzdem eine Einschaltquote von 100 Prozent. Und das selbst, wenn diese 6.000 noch vorm Fernseher pennen.

Was nicht bedeutet, dass Stichproben generell Humbug sind. Denn alle Merkmalsträger erfassen zu wollen wäre ähnlicher Mumpitz, wie eine Landkarte im Maßstab eins zu eins zeichnen zu wollen, und damit völlig unwirtschaftlich. Entscheidend ist die Kenntnis um die Verlässlichkeit der Stichprobe. Die Wahrscheinlichkeit, dass in Ihrem restlichen Blut auch 3,7 Promille sind, wenn dieser Wert in der Blutprobe ermittelt wurde, ist quasi 100 Prozent.[49] Und das ist auch gut so. Ansonsten müsste Ihnen der Polizeiarzt nämlich Ihre gesamten fünf Liter Blut ablassen, um nachzugucken. Wir müssen also Messfehler bei der Einschaltquote, beim Verbraucherpreisindex, dem Bruttoinlandsprodukt oder der Arbeitslosenquote *erleben*, um bei der Blutprobe zu *überleben*. Ein durchaus annehmbarer Preis – auch, wenn er im Einzelfall mit einem halbjährigen Fahrverbot bezahlt werden muss.

49 Außer, der Arzt hatte selbst schon einen kleinen Schwips und hat die Einstichstelle zuvor allzu gründlich mit Alkohol desinfiziert.

Die Arbeitsmarktpolitik der Ära Schmidt (1974-82)

Lieber fünf Prozent mehr Inflation als fünf Prozent mehr Arbeitslosigkeit

Anfang der Siebzigerjahre war in Deutschland arbeitsplatzmäßig die Welt noch in Ordnung. Die Maschinen liefen auf Hochtouren, die Schlote rauchten, die Walzen walzten, alles prima. Zwar hatte nicht jeder Arbeit, aber das waren Gammler, die lungerten auf der Straße rum und hatten sowieso keinen Bock. Die Arbeitslosenquote betrug 1973 circa ein Prozent.

Dann kam der erste Ölpreisschock. Die *Organisation erdölexportierender Länder* (OPEC[50]) hatte ihre Fördermenge um fünf Prozent gedrosselt. Fünf Prozent sind ein Zwanzigstel. Neunzehn von zwanzig Teilen bleiben noch übrig. Eigentlich 'ne ganze Menge. Aber in den westlichen Industriestaaten herrschte von Stund' an eine Gefühlslage, die mit »blankem Entsetzen« nur äußerst unzureichend umschrieben ist.[51]

Die Siebzigerjahre, das waren Boney M., sozial-liberale Koalition, Bundesligaskandal, Kniefall in Warschau, Bonanza – und wem zu warm war, der hat weiland (sic) nicht am Thermostatventil gedreht, sondern die Fenster auf-

50 Organization of Petroleum Exporting Countries
51 Vgl. »Lieferantendiversifikation«

gerissen! Die Autos haben sich 20 Liter weggeschluckt – viele auf zehn Kilometern. Man hätte nur ein Spar-Auto auf den Markt bringen müssen, das statt der horrenden 20 Liter nur noch bescheidene 19 verbraucht hätte. Dann wäre der Ölpreis gleich geblieben, weil sich Angebot und Nachfrage wieder ausgeglichen hätten. Bei einer 18-Liter-Super-Spar-Version wäre der Ölpreis sogar gesunken.

Wenn jedoch alle denken: »Oh, Benzin wird knapp, da fahr ich aber schnell noch mal volltanken«, wird es auch knapp. Nach der gleichen Logik kann man sich beim Briefscheiben beeilen, weil man fertig sein will, bevor die Tinte im Füller zur Neige geht.[52]

Und was knapp wird, wird teuer. Der Ökonom nennt das *Angebot und Nachfrage*, der Psychologe *Selbsterfüllende Prophezeiung* und jeder Mensch bei halbwegs gesundem Verstand hysterischen Schwachsinn.

Es ist also nicht die Rede davon, dass die Magermiezen bei »Germany's next Top-Model« von ihren zwanzig Salatblättern am Tag nur noch neunzehn essen dürfen, sondern dass Reiner Calmund beim halben Schwein auf Toast mal den Toast weglassen soll.

Stattdessen kloppt sich der Calmund mit Otti Fischer, Hella von Sinnen und den Wildecker Herzbuben um den

52 Für die jungen Leser und -innen: Ein Brief ist ein altertümlicher Datenträger. Er wurde aus Zellulose hergestellt und die Informationen in Form von grafischen Elementen, sogenannten Schriftzeichen, auf ihm abgelegt. Im Gegensatz zur heute gebräuchlichen E-Mail war es nicht üblich, Hinz und Kunz unverlangt in den Verteiler aufzunehmen, und der Spam hielt sich in Form des alljährlichen IKEA-Katalos in überschaubaren Grenzen.

Toast. Da ist nicht nur für Experten keinesfalls verwunderlich, dass die Toastpreise steigen.

Worauf uns der damalige Wirtschaftsminister und spätere Bundeskanzler Helmut Schmidt sogleich toastfreie Sonntage verordnet hat. Statt sich generell darüber Gedanken zu machen, ob das maßlose Fressen wie die Scheunendrescher der letzten Jahrzehnte eigentlich gesund sein kann, und an eine Ernährungsumstellung zu denken, war der »Plan«, weiterzufressen wie die Bekloppten und dafür dann vier Sonntage gar nix. So sollte sich das wieder ausgleichen.

Fairerweise muss man dazu sagen, dass der heutige Altkanzler, Elder Statesman und seit seinem Ausscheiden aus dem Amte offenbar mit genau der Weisheit Gesegnete, die er im selbigen gut hätte gebrauchen können, zum damaligen Zeitpunkt nicht wissen konnte, dass dieser blinde Aktionismus völlig wirkungslos bleiben musste und von vornherein zum Scheitern verurteilt war. Das haben wir ja auch erst viel später anhand Helmut Kohls ebenso alljährlichen wie vergeblichen Trockenbrotdiäten am Wolfgangsee gesehen. Eine Woche Fasten und ansonsten Pfälzer Saumagen bis zum Abwinken ist nun mal nicht im engeren Sinne als ausgewogene Ernährung zu bezeichnen. Den Nachweis hat erst Helmut Schmidts Nachfolger im Amt des Bundeskanzlers erbracht, wie hätte der rührige Kettenraucher und bekennende Colajunkie dies also in seiner Regierungszeit ahnen können?

Als flankierende Maßnahme hat die damalige Bundesregierung allerdings sinnvollerweise zusätzlich ein Tempolimit eingeführt. Ab November 1973 durfte auf Deutschlands Autobahnen die Höchstgeschwindigkeit vom 100 Stundenkilometern nicht überschritten werden. Allerdings nur für ein halbes Jahr, dann wurde das Tempolimit wieder abgeschafft, da »Freie Fahrt für freie Bürger!« wichtiger war als so eine blöde Ölkrise. Der Deutsche fühlt sich eingeschränkt. »Be-schränkt« wäre das Wort der rechten Wahl gewesen!

Vielleicht hat man sich auch zur Erkenntnis durchgerungen, dass Tempolimits wirkungslos seien. Schließlich gab es den Versuch schon einmal, das Limitieren der Höchstgeschwindigkeit einem höheren Ziel unterzuordnen. Tempo 100 hatte nämlich schon anno 1939 der Führer eingeführt (dafür war er ja der Führer), und zwar, um Sprit zu sparen für den Krieg.

> **»Die Naivität, mit der manche Menschen in diesem Lande Politik machen, wird nur noch übertroffen von der Naivität, mit der manche Menschen dann darüber schreiben«**
> Robert Lembke, Fernsehlegende

Insofern ist die Haltung des deutschen Gesetzgebers wiederum durchaus verständlich. Denn dieser großangelegte Feldversuch hat schließlich nachgewiesen, dass ein Tempolimit schlichtweg nichts bringt – denn den Krieg haben wir ja verloren.

Stattdessen hat ein Wettbieten der Industrienationen eingesetzt. Der Ölpreis stieg, damit insbesondere die Herstellkosten der energieintensiven Industrien und damit wiederum die Lebenshaltungskosten. Das wollten die Gewerkschaften nun aber ihrerseits ausgeglichen haben und setzten, teilweise per Streik, Lohnerhöhungen im zweistelligen Prozentbereich durch. Die Inflationsspirale drehte sich und drehte sich und drehte sich.

Bundeskanzler Schmidt, seines Zeichens studierter Volkswirt und damit vorgeblich ausgewiesener Fachmann, quittierte diese Tarifabschlüsse mit seinem legendären »Lieber fünf Prozent mehr Inflation als fünf Prozent mehr Arbeitslose«. Ob er dies verbal verlauten ließ oder Rauchzeichen gab, ist nicht überliefert.

Bezogen hat er sich jedenfalls bei seinen Überlegungen dabei auf die sogenannte »Phillips-Kurve«. Mit ihr hat ein gewisser Alban W. Phillips gezeigt, dass in einem bestimmten Zeitraum, nämlich von der Mitte des 19. Jahrhunderts bis zur Mitte des zwanzigsten, die Arbeitslosigkeit dann niedrig war, wenn die Löhne gestiegen sind. Punkt. Mehr nicht. Ob da ein ursächlicher Zusammenhang besteht, welche Variable von welcher wie beeinflusst wird und wie man das wirtschafts- und arbeitsmarktpolitisch nutzen und steuern könnte, war bereits damals unter Ökonomen höchst umstritten.

Ein Blick über den Tellerrand bzw. nach Italien hätte allerdings Erhellendes bewirkt. Dort machte man drei Kreuze und betete vier Ave Maria, wenn die Inflationsrate nicht Weimar'sche Ausmaße annahm. Demnach hätte Italien über Jahrzehnte in Jubelarien wegen anhaltender Vollbeschäftigung ausbrechen müssen. Sind sie ausgebrochen? Sind sie nicht. Da hätte der Schmidt sich nur mal die statistischen Daten vorlegen lassen müssen. Wahrscheinlich haben sie ihm die hingelegt, aber er hat sie in seinem verqualmten Büro übersehen.

Hätte Herrn Schmidt jemand erzählt, die Wissenschaft

hat festgestellt, dass in Zeiten niedriger Arbeitslosigkeit großkarierte Karomuster en vogue gewesen sind, stünde heute wahrscheinlich in den Geschichtsbüchern »Lieber fünf Prozent mehr großkarierte Karos statt fünf Prozent mehr Arbeitslosigkeit«.

Ein kleiner Ulk, aber nicht ganz abwegig. Seit Jahrzehnten hält sich hartnäckig das Gerücht, die Konjunktur korrespondiere negativ mit der Rocklänge der Damenwelt. Je höher der Rocksaum, desto größer das Wirtschaftswachstum. Je länger die Röcke, desto schlechter die Wirtschaftslage. Hört sich bekloppt an, ist es auch, scheint aber was dran zu sein. Warum, weiß kein Mensch. Umgekehrt würde ein Schuh – pardon: Rock – draus: Schlechte Zeiten, wenig Geld für Stoff, kurze Röcke.

Da die Inflationsrate in Helmut Schmidts Amtszeit jedoch regelmäßig einen Wert von über fünf Prozent aufzuweisen pflegte, haben die Unternehmer sich natürlich auch nicht lumpen lassen. Bei denen schlagen nämlich Lohnsteigerungen zuzüglich der dadurch ebenfalls höheren Lohnnebenkosten auf der Aufwandseite zu Buche. Also haben sie die ebenfalls in die Preise eingerechnet – und damit die Inflation noch höher getrieben. Dort, wo sie die Lohnkostensteigerung nicht direkt auf die Kunden abwälzen konnten, hat man andere Wege gesucht, um diese wieder auszugleichen. Und auch einen gefunden: Massenentlassungen.

Von 1972, als Helmut Schmidt Wirtschaftminister wurde, bis 1982, als er als Kanzler fertig hatte, haben sich die Arbeitslosenzahlen verzehnfacht. Dementsprechend war die Stimmung Anfang der Achtziger nur noch vergleichbar mit den Tagen nach der Kapitulation der 6. Armee in Stalingrad.

Anders ist auch nicht zu erklären, dass man den Heilsbringer der Nation ausgerechnet in Helmut Kohl gesehen hat.

Wirtschaftspolitisch hat sich Helmut Schmidt zehn Jahre lang benommen wie König Midas, nur umgekehrt. Was er angepackt hat, wurde zu Schrott. Aber der Gute hatte sich bereits 1962 als Koordinator der Rettungsmaßnahmen bei der verheerenden Sturmflut zu Hamburg einen Namen als kühner Stratege und zupackender Macher erworben. Das bleibt. Das nimmt ihm keiner mehr.

Ähnliches hat eigentlich nur Jürgen Drews geleistet. Der hat 1976 mit »Ein Bett im Kornfeld« mal einen Nummer-1-Hit gehabt – und davon zehrt der auch heute noch. Das bleibt. Das nimmt ihm keiner mehr.

Die Arbeitsmarktpolitik der Ära Kohl (1982-98):

Frührente

Über Helmut Kohl gab es zu Anfang seiner Amtszeit eigentlich nur zwei Meinungen, von denen ich mich aus rechtlichen Gründen gleichermaßen entschieden distanziere: Die einen dachten, während sein Vorgänger im Amte gleichen Vornamens mit einem Herzschrittmacher auskam, sollte man beim Kohl mal gucken, ob in dessen Oberstübchen ohne technische Hilfsmittel noch alles im Dreivierteltakt läuft. Die andere war, dass dieser pfälzische Bauerntrampel doch sowieso zu doof sei, um einen Urintest zu bestehen. Eigentlich gab es noch eine dritte Gruppe, die hat jedoch nicht so uneingeschränkt positiv von ihm gedacht. Zugetraut hat dem Vater der geistig-moralischen Wende kaum einer was. Und damit lagen ja dann alle auch nicht so falsch.

> **»Entscheidend ist, was hinten rauskommt«**
> Helmut Kohl, Spätgeborener

Bundeskanzler Kohl hat zwei große arbeitsmarktpolitische Fehler gemacht. Natürlich hat er, um der Wahrheit die Ehre zu geben, tatsächlich mehr fabriziert, aber alle im Rahmen eines Buches ausführlich darlegen zu wollen würde die Papiervorräte auf der Welt knapp werden lassen. Gegen das Werk nähmen sich *Krieg und Frieden*, das *Telefon-*

buch von Berlin oder der *Otto-Katalog* wie Faltblättchen aus.

Die Regierung Kohl hatte nämlich zunächst mal nichts Eiligeres zu tun gehabt, als die Bezugsdauer des Arbeitslosengeldes zu verlängern. Das wurde uns zwar anno 2008 auch als große Hartz-IV-Korrektur verkauft, ist aber ein alter Hut. Als Helmut Kohl die Regierungsgeschäfte übernahm, gab es nämlich auch nur für zwölf Monate Arbeitslosengeld. Danach musste man sich mit der sogenannten *Arbeitslosenhilfe* bescheiden. Während diese jedoch aus dem Bundeshaushalt bezahlt wurde, kam das Arbeitslosengeld aus dem Versicherungstopf. Je länger also Arbeitslosengeld gezahlt wurde, desto weniger hat das Kohls Haushalt direkt belastet, sondern das Sozialsystem.

»Vielleicht war es wie mit Helmut Kohl – dessen Gesicht haben sie ja auch nicht mehr gewollt«

Berti Vogts, Terrier

Und was macht eine Autoversicherung, wenn viele Autoradios, CD-Wechsler und Navigationsgeräte geklaut werden? Kacken die Geld, oder heben die die Prämien an? Genau – daher fingen jetzt die Lohnnebenkosten an zu steigen, bei denen die Arbeitgeber ja mit der Hälfte des Beitrages mit im Boot sitzen. Also haben die Unternehmer sich überlegt, wie sie das wieder einsparen können. Und sich an ein sehr erfolgreiches Sparmodell aus den Siebzigern erinnert: Massenentlassungen.

Die meisten Kalorien verbraucht unser Gehirn beim Denken. Vielleicht erklärt das, warum der Kohl sein Übergewicht nie in den Griff gekriegt hat!

Der andere Geniestreich, den der Kohl hingelegt hat, war die Frühverrentung. Der hat sich gedacht, sofern man in diesem Zusammenhang von »denken« sprechen kann, dass Arbeitsplätze freigemacht werden müssen, damit die Jüngeren nachrücken können. Daher hat man die älteren Arbeitnehmer eher in Rente geschickt. Dadurch sind deren Rentenansprüche natürlich geringer. Die gleicht aber der Staat aus und erkauft sich damit jede Menge freier Arbeitsplätze. So weit die Theorie.

Ein Unternehmer denkt jedoch unternehmerisch. Also haben die ihre große Stunde kommen gesehen, die älteren Arbeiter so billig loszuwerden. Und den verbliebenen Arbeitnehmern hat man gesagt: »Passt mal auf, Leute, ab morgen sind wir ein paar Mann weniger, deren Arbeit macht ihr jetzt mit. Und deswegen will ich jetzt kein Volksgemurmel hören! Denkt immer dran: Es gibt genug, die auf euren Job scharf sind. Noch Fragen? Nicht? Na dann: Glück auf!« Urintest!

Es ist nicht offiziell bekannt, ob es Einstellungsvoraussetzung für das Amt des Bundeskanzlers ist, dass man nicht alle Latten am Zaun hat, aber womöglich schadet es nicht. Wenn der Küblböck nicht aufpasst, findet der sich schneller im Kanzleramt wieder, als er gucken kann. Entweder hat der Kohl sehenden Auges die Rentenkassen ruiniert – oder der war schlau wie ein Stoppschild.

Das Rentensystem stand sowieso schon auf wackeligen Füßen wegen der DDR-Rentner, die ins westliche Rentensystem als Empfänger integriert wurden, dort jedoch zuvor nichts eingezahlt hatten. Aber jetzt, wo für die Frührentner keine neuen Beitragszahler nachkamen, war das Rentensystem komplett ruiniert. Der Zusammenbruch ist absehbar. Man könnte auch sagen: Was Mohammed Atta für das World Trade Center war, war Helmut Kohl für das deutsche Rentensystem. Reingeflogen ist er schon. Im Moment schmelzen die Stahlträger.

Volkswirtschaftlich gesehen wäre es besser gewesen, wir hätten die Frühverrentung auf Helmut Kohls Arbeitsplatz angewendet. Stattdessen durfte der Kanzler der Einheit 1994 tatsächlich noch einmal den Amtseid ablegen. Dabei hat er geschworen, Schaden vom Deutschen Volk abzuwenden. Konsequenterweise hätte er dann den Posten gar nicht antreten dürfen.

Die Arbeitsmarktpolitik der Ära Schröder (1998-2005):

Hartz IV

Erfindern setzt man gern ein Denkmal für die Ewigkeit. Und sie sich selbst umso lieber. Nicht selten wird nämlich ihr Name mit der von ihnen erdachten Neuerung verbunden. Denken wir an den Otto-Motor, das Pfeiffer'sche Drüsenfieber oder die Kohl-Roulade. Ebenfalls nicht zu vergessen der Gienger-Salto, die Biellmann-Pirouette oder das Hartz-Konzept.

Den Letztgenannten ist gemeinsam, dass sie eine extreme Flexibilität erfordern. Der Salto und die Pirouette bei den begriffsprägenden Sportlern selbst, Geräteturner Eberhard Gienger und Eiskunstläuferin Denise Biellmann, beim Hartz-Konzept allerdings nicht beim Namensgeber, sondern bei den von den entsprechenden sogenannten *Hartz-Gesetzen* Betroffenen.

Ehe die vorgenannten Gesetze ab dem ersten Tag im ersten Monat des Jahres 2003 in Kraft traten, war es nämlich ganz, ganz schlimm um den deutschen Arbeitsmarkt bestellt. Es gab ganz, ganz viele Arbeitslose, und die waren ganz, ganz traurig. Die Leute bei der Bundesanstalt für Arbeit haben sich auch ganz, ganz viel Mühe gegeben, sie in Lohn und Brot zu bringen, aber irgendwie hat das ganz und gar nicht geklappt.

Vielleicht fehlte es an der rechten Motivation. Denn die Konstellation ist als äußerst unglücklich zu bezeichnen, wenn es die eigene Berufsaufgabe ist, sich selbst überflüssig zu machen. Schließlich könnte sich der Herr Berufsberater, wenn er all seinen Schäfchen einen Job vermittelt hätte, auf die andere Seite seines Schreibtisches setzen, um mit sich selbst ein Beratungsgespräch zu führen.

Um nicht ganz so saublöd dazustehen, haben sie daher ihre Statistiken ein bisschen aufgepeppt, geschönt, frisiert. Das kam aber irgendwann raus. Also musste was geschehen. Und wenn ich mal nicht weiterweiß, dann bild' ich einen Arbeitskreis!

Deshalb hat Gerhard Schröder, Netzwerker in eigener Sache und fast im Nebenberuf in den Jahren 1998 bis 2005 Bundeskanzler, zu diesem Zweck ein paar Kumpels von der Deutschen Bank, Roland Berger, McKinsey usw. zusammengetrommelt, die den Laden mal richtig in Schwung bringen und ein Konzept erarbeiten sollten, um die Arbeitslosenzahlen innerhalb von vier Jahren zu halbieren. Mindestens!

In seiner ersten Amtzeit, von 1998 bis 2002, hatte Kanzler Schröder nämlich die Arbeitsmarktpolitik ganz vergessen. Das kennt man ja: Man kommt zu nichts.

Allerdings muss man an dieser Stelle Verständnis für den ansonsten rührigen Hannoveraner einräumen. Vor der Bundestagswahl 1998 wusste nämlich ganz Deutschland, dass nach der Wahl Gerhard Schröder Kanzler wird. Nur zwei Leute in ganz Deutschland wussten das nicht: Helmut Kohl, sonst wäre der wohl kaum noch mal angetreten, und Gerhard Schröder selbst. Sonst hätte der sich ja wohl darauf vorbereitet gehabt. Dann hätte der auch gleich nach der Wahl mit dem Regieren anfangen können. Stattdessen war er völlig überrascht und wusste gar nicht, wo er anfangen sollte. Wenn er morgens etwas angefangen hatte, konnte es gut sein, dass er nachmittags schon wieder umentschieden hatte. Hätte man ein neues Disneyland aufmachen wollen, man hätte am Kanzleramt nur Eintritt nehmen brauchen.

Allerdings ist es im heutigen Berufsleben ja auch gar nicht unüblich, dass Berufsanfänger erst ein Praktikum absolvieren, um mal reinzuschnuppern. Vier Jahre lang *Training on the Job* – and on the Rücken of the Arbeitslose.

2002 gab es in Deutschland immer noch vier Millionen davon, und zu allem Unglück stand auch noch schon wieder eine dieser lästigen Bundestagswahlen ins Haus. Bis dahin hatte Rot-Grün den Kosovo-Krieg mitgemacht, Dosenpfand eingeführt (mit anderen Worten: Was sie an Alt-Metall durchs Dosenpfand eingespart haben, haben sie da unten auf dem Balkan wieder verballert), und zum ersten Mal war es einer deutschen Regierung nicht gelungen, durch Krieg die Arbeitslosenzahlen zu senken![53]

> **»Hol mir mal 'ne Flasche Bier!«**
> Gerhard Schröder, Lobbyist

Das musste sich ändern. Also berief Kanzler Schröder flugs die u.a. aus oben genannten Stammtischbrüdern zusammengesetzte Kommission *Moderne Dienstleistungen am*

53 Da keine arbeitsmarktpolitischen Impulse zu erwarten waren, hat der Schröder sich denn auch konsequent aus dem zweiten Irak-Krieg herausgehalten. Na, immerhin …

Arbeitsmarkt[54] ein. Der Vorsitz wurde bereits eingangs erwähntem Peter Hartz übertragen, da zur Erreichung dieses hehren Zieles einfallsreiche und originelle Ideen gefragt waren. Schließlich war Hartz seinerzeit Personalvorstand eines namhaften deutschen Automobilherstellers mit Sitz in Wolfsburg und ist als solcher bereits gern unkonventionelle Wege gegangen. Um sich das Einvernehmen des Betriebrates in zustimmungsbedürftigen Unternehmungsentscheidungen zu sichern, schaute man beispielsweise gern mal in einem Puff in Rio de Janeiro vorbei. Dort plaudert es sich einfach besser, abseits von Stress und Hektik des Alltagsgeschäfts mit all seinen Facetten.

Irgendwann hat sich der findige Spitzenmanager wahrscheinlich mal in einem obig erwähnten Etablissement in die Kissen gekuschelt und bei einem Caipirinha und einer dicken Zigarre mal durchgerechnet, wie viel Geld man denn so monatlich zum Leben braucht. Nach genauem Hin- und Herrechnen kam er zu dem Schluss, dass so um die 400 Euro pro Monat reichen täten. Wahrscheinlich war in der Rammelbude gerade Happy Hour.

Der Grundgedanke der Hartz-Gesetze lässt sich kurz und bündig zusammenfassen: Wer sich anstrengt, der findet auch Arbeit. Nach der gleichen Logik könnte ein Personalmanager ankündigen, wenn er mit sieben Leuten *Reise nach Jerusalem* spielt, aber nur drei Stühle da sind: »Wer keinen Sitzplatz kriegt, wird erschossen!« Und dann davon ausgehen, dass diese kleine Motivationsspritze ausreicht,

54 Kaffeeklatsch, Quassel-Konvent oder Palaver-Plenum hörte sich wohl einfach nicht so gut an.

dass jeder sich so anstrengt, dass er schon einen Sitzplatz kriegt.

Neurologen behaupten, wir nutzen angeblich 90 Prozent unseres Gehirnpotenzials nicht. Umso erstaunlicher ist es, wie viel Mist man sich mit den restlichen zehn Prozent noch ausdenken kann!

Ebenso kennzeichnend für das Hartz-Konzept ist, dass die Flexibilität der potenziell Arbeitsfähigen gefördert werden soll. Daher wurde in dessen Rahmen selbstverständlich ebenfalls dem Umstand Rechnung getragen, dass bestimmte Berufe heute einfach weniger gefragt sind als in der Vergangenheit, dafür aber neue Berufe entstanden sind. Während beispielsweise offene Stellen für Bergleute, Korbmacher und Folterknechte in den letzten Jahren konstant rückläufig sind, registrieren wir gegenwärtig einen ständig wachsenden Bedarf an Call-Center-Agents, Security-Officers und GEZ-Fahndern.

Also muss auch mal ein arbeitsloser Molekularbiologe, Gehirnchirurg oder Kirchturmspitzenvergolder in den sauren Apfel beißen und mit der Pickzange den Stadtpark reinhalten, wenn er sich das Arbeitslosengeld II nicht verscherzen will. Schließlich reguliert die Hausratsversicherung den Einbruchschaden ja auch nur, wenn Sie vorher bei denen das Klo saubermachen. Oder nicht?

Technisch gestaltete man die Hartz-Gesetze derart aus, dass man die staatlichen Lohnersatzleistungen verringerte, um vermutete Drückeberger dazu zu bewegen, auch schlechter bezahlte Arbeiten aufzunehmen. Die wurden dafür im Gegenzug steuerlich begünstigt, vom Staat gefördert und erhielten den Namen *Minijob*.

Das Minijob-Modell schlug ein wie eine Granate. Weniger bei den Arbeitssuchenden, aber immerhin die Arbeitgeber waren Feuer und Flamme und gingen frisch ans Werk. Nämlich indem sie sogleich den Teil ihrer Belegschaft an die frische Luft gesetzt haben, den sie nun hinterher mit Ein-Euro-Jobbern ersetzen konnten. Die haben sich auf die Schenkel geschlagen, kamen aus dem Geiern nicht mehr heraus und haben die Korken knallen lassen.

Fast könnte einem der Gedanke kommen, Gerhard Schröder habe seine ganze Kanzlerschaft als Minijob aufgefasst und wäre auch mit einem Euro noch überbezahlt gewesen.

Da Beschränktsein nicht strafbar ist, konnte Peter Hartz übrigens für das Arbeitsmarktkonzept, das seinen Namen trägt, nicht juristisch belangt werden. Er ist jedoch aufgrund der unternehmerisch unbeschwerten Ausgestaltung seiner Tätigkeit bei VW zwischenzeitlich wegen Untreue verurteilt worden – von der Justiz und wahrscheinlich auch von seiner Frau. Wobei davon auszugehen ist, dass die Gattin härter mit ihrem Angetrauten ins Gericht gegangen ist als die Judikative daselbst. Die hat nämlich aufgrund eines umfassenden Geständnisses der Missetaten davon abgesehen, den Delinquenten für 15 Jahre, was theoretisch bei Untreue, teilweise in besonders schweren Fällen, sowie bei Begünstigung in insgesamt über 40 Fällen möglich gewesen wäre, bei Wasser und Brot im Kerker verschimmeln zu lassen. Stattdessen hat sie die Plaudertasche lediglich zu zwei Jährchen Haft auf Bewährung sowie zu einer Geldstrafe im für ihn bezahlbaren Bereich verurteilt. Vermutlich hat ihm die vorsitzende Richterin nach der Urteilsbegründung auch noch 50 Cent für ein Eis auf dem Nachhauseweg in die Hand gedrückt.

Der ganze Deal wurde in nur zwo Verhandlungstagen über die Bühne gebracht. Das nennt man »Kurzen Prozess«. Und da sagt man immer, deutsche Gerichte arbeiten zu langsam. Alles Vorurteile, wie man sieht!

Die Arbeitsmarktpolitik der Ära Merkel:

Keine Angaben

Trotz aller bislang vergeblichen Bemühungen, dilettantischer Ansätze und tausendmal gehörter Schönwetterreden versprechen Politiker vor Wahlen immer noch gerne »Wachstum und Arbeitsplätze«. Okay, nicht alle. Einige versprechen auch »Arbeitsplätze und Wachstum«.[55] Arbeitsplätze zu versprechen, kommt beim Wähler immer noch gut an. Obwohl höchst fragwürdig ist, ob das Wahlvolk wirklich Arbeit will oder einfach nur Geld. »Geld für alle!« wäre daher sicher auch kein übler Wahlkampfslogan.[56] Aber Geld ist keins da, das hat sich mittlerweile rumgesprochen.[57] Arbeitsplätze auch nicht, aber das hält man noch geheim. Zumindest vor den Politikern. Die Bürger wissen längst Bescheid. Daher ist ein Gutteil der heute Arbeitssuchenden schon heute völlig desillusioniert, was die Hoffnung angeht, irgendwann in naher Zukunft wieder mal in Lohn und Brot zu stehen. Junge Leute nehmen das erst gar nicht als realistische Zukunftsperspektive wahr. Gleichzeitig bekom-

55 Vgl. »Wirtschaftswachstum«

56 Mit dem Slogan »Reichtum für alle« hat hier *Die Linke* eine Vorreiterrolle im Wahlkampf 2009 gespielt. Dass jene gleichzeitig »Reichtum besteuern« gefordert haben, hat jedoch 11,9 Prozent der Urnengänger nicht weiter gestört.

57 Wo es ist? Vgl. »Schuldenbremse«

men sie in sogenannten Lifestyle-Magazinen wie *Leute heute* (ZDF), *Brisant* (ARD) und *taff* (Pro7) vorgeführt, wie die Schönen und die Reichen leben. Daher gehen sie dann lieber zum Casting von *Deutschland sucht den Superstar* als zur Schule. Nachdem sie von Dieter Bohlen beim Casting veralbert, beschimpft und gedemütigt wurden und in der ersten Runde rausgeflogen sind, kriegt dann eben der nächstbeste Opa in der U-Bahn auf dem Nachhauseweg was aufs Maul.

In deren Leben ist nichts los, und die wissen, das wird auch so bleiben. Sie werden nie eine berufliche Aufgabe haben, in der sie einen Sinn sehen, die eine Perspektive bietet und einen einigermaßen annehmlichen Lebensstandard ermöglicht. Stattdessen läuft abends in der Glotze *Die Super Nanny* und *Raus aus den Schulden*, wo man scheinbar gewahr wird, dass ausgeflippte Blagen, die die Eltern schlagen, und Zwangsvollstreckung der Normalfall ist.

Jugendgewalt und -kriminalität, Ausländerfeindlichkeit, Ghettoisierung ganzer Stadtviertel, psychische Erkrankungen, Depression und viele weitere gesellschaftliche Probleme, die immense monetäre und soziale Kosten verursachen, sind mittelbare Folgen der Arbeitsmarktpolitik der letzten 40 Jahre und unmittelbare der Perspektivlosigkeit einer ganzen Generation.

Eine sozial-liberale Koalition hat es nicht geschafft, den Hebel umzulegen, die christlich-liberale ebenso wenig, die rot-grüne erst recht nicht. Folgerichtig blieb nur die Große Koalition als letzter Ausweg. Jeder darf ja mal. Da ist der Wähler gar nicht pingelig und war von Vorfreude beseelt, dass es in dieser Regierungskonstellation endlich keine Blockaden mehr gäbe. Jetzt könne es nur bergauf gehen.

Heute wissen wir, eine Große Koalition ist, als wenn alle in den Ventilator reihern. Alle reden mit, nichts bewegt sich (außer der Ventilator vielleicht), Zufallserfolge versuchen beide Koalitionäre auf ihr Konto zu verbuchen, bei Misserfolgen will es keiner gewesen sein.

Am wenigsten die sogenannte Bundeskanzlerin. Während man ihren Vorgängern im Amt arbeitsmarktpolitisch null Realitätssinn, idiotische Ideen und dilettantische Umsetzung vorwerfen muss, trifft dies alles auf Angela Dorothea Merkel in keinster Weise zu. Ideen sind gar keine vorhanden, sodass man sich auch nicht mit der Umsetzung belästigen muss. Was jedoch für ihren scharfen Realitätssinn spricht. Denn in einer Politkultur, in der Stellungnahmen von Politikern nur noch darin bestehen, dem politischen Gegner dessen Fehler vorzuwerfen, hält man einfach besser den Rand. Wer nichts macht, macht auch keine Fehler.

Gern hätte ich mich auf diesen Seiten mit Angela Merkels arbeitsmarktpolitischer Grundausrichtung beschäftigt. Leider gibt es keine. Vom Regisseur Fritz Kortner stammt der Ausspruch: »Sie schwänzen einen anderen Beruf!« Woher kannte der Kortner die Merkel?

Bevor die Merkel was entscheidet, wird eher das Bernsteinzimmer wiedergefunden. Dafür kann man Angela Merkel schätzen – wenn in meinem Fall auch sehr gering. Aber die Rechnung scheint aufzugehen. Und jetzt kommt der Witz: Kaum hatte Frau Merkel das Kanzleramt bezogen, vom Berliner mit Schnauze auch gerne »Elefantenklo« oder »Bundeswaschmaschine« betitelt, plötzlich hatten wir Aufschwung. Woraus die Pseudoregierungsmamsell geschlussfolgert hat, dass, sobald inkompetente Stümper zwar weiter ihre Schönwetterreden schwingen, sich aber sonst aus allem raushalten, das immer noch besser ist, als dauernd irgendeinen Mist zu verzapfen.

Sie hat ihre Lehren aus den Fehlern ihrer Vorgänger gezogen. Sie hat erkannt, dass die allzuoft an der Bushaltestelle gestanden und auf die Straßenbahn gewartet haben. Daraufhin die Busfahrer zu Straßenbahnschaffnern umgeschult haben und erst danach bemerkt haben, dass sie vergessen haben, die Gleise zu verlegen.

Die Erfinderin der präsidialen Doppelspitze, mit Horst Köhler als weiterer Winkefigur mit ausschließlich repräsentativen Aufgaben, ist promovierte Physikerin und kein Universalgenie. Und im 17. Deutschen Bundestag, in dem nach den Wahlen vom September 2009 eine Neuauflage der christlich-liberalen Koalition[58] die Regierungsmehrheit stellt, sitzen nur ein Maurer, eine Hausfrau, ein Bergmann (das gibt's auch noch?), aber fast 150 Juristen. Über 100 Abgeordnete kommen aus Beamtenberufen. Das heißt, über ein Drittel von den Insassen dort ist mit dem wirklichen Leben noch nie in Berührung gekommen. Wie sollten die etwas dazu sagen, geschweige denn darüber entscheiden können? Immerhin ist nun auch ein Professor für Weinwirtschaft (das gibt's auch?) dazugestoßen. Der nächsten Weinprobe in der Bundestagskantine dürfte nicht im Wege stehen. Und selbst als Besucher lässt man an den Pforten des

»Farbenpracht blendet das Auge«
Laotse, Alter Meister

58 Vgl. »Frührente«

Reichstagsgebäudes keine Praktiker rein. Im Plenum gibt es über 600 Abgeordnete, aber nur etwa 400 Besucherplätze. Das ist, als wenn beim Fußball 22 Mann auf dem Platz stehen, aber nur 14 Zuschauer da sind. Und wo ist das der Fall? In der untersten Kreisklasse. Und so werden wir regiert. Gut, meistens sitzen unten nur 20 Abgeordnete, dann passt es ja wieder.

Insofern kann man Frau Dr. Merkel keinen Vorwurf machen, sich aus der Regierungsarbeit, insbesondere der Arbeitsmarktpolitik, konsequent herauszuhalten. Nicht ganz ausgeschlossen ist allerdings auch, dass sie sich eines schönen Tages die Perücke herunterreißt, und zum Vorschein kommt Hape Kerkeling. Dann würde uns so einiges klar werden …

Arbeit macht Spaß – Spaß beiseite:

Vollbeschäftigung

Die Abwesenheit von Arbeitslosigkeit nennt man Vollbeschäftigung. Allerdings ist in der Regel die Vollbeschäftigung abwesend, sodass immer ein paar Prozent vom Bevölkerungsanteil arbeitslos sind. Damit könnte man leben, wäre nicht der Arbeitslose an sich zu hundert Prozent betroffen.

»Arbeit für alle« lautet daher nicht selten das auf Wahlplakaten im wahrsten Sinne des Wortes an die Wand gemalte Schreckgespenst. Zum einen brauchen gar nicht alle Arbeit, vielen wäre auch mit Geld schon geholfen.[59] Zum anderen sollten sich insbesondere die, die bislang noch den Vorzug genießen, allmorgendlich ins Büro oder die Fabrik fahren zu dürfen, mehr als einmal überlegen, ob es aus ihrer Sicht wünschenswert ist, dass ab morgen Vollbeschäftigung herrscht. Die arbeitende Bevölkerung steht nämlich schon jetzt jeden Morgen im Stau und meckert, dass die Straßen verstopft sind. Nun denken Sie sich noch mal sechs Millionen Autos dazu! Da ist man doch regelrecht erleichtert, dass Arbeitslose und

> **»Arbeit ist das beste Mittel gegen Trauer«**
> Arthur Conan Doyle, Dr. Watson

59 Da haben wir es wieder: »Geld für alle!«

Studenten, die sich erst mittags um 12 Uhr aus dem Bett quälen, nicht noch im Berufsverkehr mitmischen.

Ganz zu schweigen von der ökologischen Katastrophe! Nein, damit sind nicht die Abgase von sechs Millionen zusätzlichen Autos gemeint. Sechs Millionen mehr Verdiener bedeuten sechs Millionen Konsumenten mit höherer Kaufkraft, als Arbeitslosengeld II und Hartz IV das hergeben. Konsumenten produzieren nämlich auch, und zwar Müll.

Wer nichts kaufen kann, wirft auch nichts weg. Daher ist eine Sockelarbeitslosigkeit von vier bis sechs Millionen ein aktiver Beitrag zum Umweltschutz, der mit einem Tempolimit von 120 Stundenkilometern auf allen Autobahnen, Abschaltung aller Atomkraftwerke und dem Grünen Punkt zusammen nicht hinzukriegen wäre.

Darüber hinaus sucht sich ein Teil der Betroffenen mangels Kaufkraft sogar noch die neue Wohnzimmereinrichtung aus dem (Sperr-)Müll *heraus*. Eine klassische Win-win-Situation für Mensch und Umwelt.

Vollbeschäftigung hingegen ist die geschichtliche Ausnahme. In der ersten Hälfte des 20. Jahrhunderts war sie im Großen und Ganzen in zwei Perioden zu verzeichnen: 1914-18 und 1939-45. Und vor der Industrialisierung wusste die Hälfte der Bevölkerung in der Regel nicht nur nicht, was morgen auf den Tisch kommt, sondern ob überhaupt. Jeder fünfte Haushalt lebte vom Betteln. Man konnte praktisch kaum aus der Hütte gehen, ohne dass man angequatscht wurde: »Haste mal 'n Taler?«

Heute wird diese Tätigkeit meistens von Punkrockern in unmittelbarer Bahnhofsnähe übernommen. Und die müssen dort höllisch aufpassen, wenn sie gerade wieder »Haste-mal-'n-Euro«-mäßig unterwegs sind, dass sie nicht zurückgefragt werden: »Haben Sie mal 90 Cent?« – weil am Fahrkartenautomaten gerade wieder die Lampe aufleuchtet, die den potenziellen Kunden freundlich nahelegt, nur abgezähltes Kleingeld einzuwerfen, wenn sie nicht des Wechselgeldes abgängig werden wollen, und am ServicePoint gerade mal wieder keine Sau ist, weil am Personal gespart wird.

Dabei liegt die Lösung doch auf der Hand – und damit die Vollbeschäftigung so nahe: Der Punker könnte am ServicePoint arbeiten, um dort Kleingeld zu wechseln. Dann bräuchte er nicht mehr schnorrenderweise mit seinem Hund vor dem Bahnhof zu hocken, sondern könnte schön im Warmen sitzen. Außerdem bekäme er auch noch eine schmucke Uniform, sodass er seine Lederjacke mal zum Auslüften raushängen könnte.

Eine noch elegantere Lösung wäre natürlich jene, dass der irokesenfrisierte Mitbürger direkt den Fahrkartenautomaten repariert. Für beide Tätigkeiten würden natürlich Lohnkosten anfallen. Aber die kommen spielend wieder rein, denn alle Nutzer öffentlicher Verkehrsmittel, die ob des derangierten Fahrkartenautomaten und fehlenden Kleingeldes schwarzfahren müssen, würden von Stund an ordnungsgemäß ihr Fahrgeld entrichten.

Wasser in unserem Wein der Vollbeschäftigung wäre allerdings der Umstand, dass, wenn nun niemand mehr schwarzfahren bräuchte, die Kontrolleure arbeitslos würden – und betteln gehen müssten.

Wenn es allerdings keine Kontrolleure mehr gäbe, würden nur moralisch sehr gefestigte Zeitgenossen weiterhin ihr Fahrgeld entrichten, da die Unterlassung keinerlei Konsequenzen nach sich zöge. Der Rest würde zwar weiterhin die Beförderungsleistung in Anspruch nehmen, das eingesparte Geld für die Fahrkarte aber lieber in die Spardose werfen oder gleich am Bahnhofskiosk verschnuckern.

Zur Behebung der finanziell angespannten Situation würde eine Unternehmensberatung engagiert. Die würde nach eingehender Analyse und gesalzener Rechnung empfehlen, zur Kostensenkung ein paar Leute an die frische Luft zu setzen. Die würden fortan alle am Bahnhof betteln gehen, weshalb der Bahnhofsbereich zukünftig vom Löwenanteil der übrigen Bürger gemieden werden würde. Niemand würde mehr Bahn fahren, die Bahnhöfe müssten schließen – und wo sollen dann die ganzen Bettler hin?

»Einkommen ist ein Bürgerrecht, Vollbeschäftigung eine Illusion. Also müssen wir Arbeit und Einkommen trennen«

Götz Werner, Unternehmer[60]

Vollbeschäftigung ist daher gut und schön, würde aber den Zusammenbruch des öffentlichen Nah- und Fernverkehrs herbeiführen. Also werfen wir lieber auch zukünftig dem Punker am Bahnhof einen Euro in den Pappbecher und danken dem Verdutzten für die Aufrechterhaltung des Systems. Wenn der wüßte!

60 Gründer der Drogeriemarktkette dm und Verfasser des Bestsellers »Einkommen für alle«, in dem er sich für die Einführung eines bedingungslosen Grundeinkommens ausspricht. Allen Leserinnen und Lesern, die aufgrund des ähnlichen Titels vermuteten, ich stieße hier ins gleiche Horn, sei gedankt, dass sie bis hierhin durchgehalten haben. Jedoch: Das kommt auch auf den verbleibenden Seiten nicht mehr! Herr Werner hat dazu alles gesagt. Vgl. Götz W. Werner, Einkommen für alle« 2007, S. 1-244.

Neid macht erfinderisch:

Reichensteuer

Es begab sich im Jahre des Herrn 1902, dass seine Kaiserliche Hoheit Wilhelm II. sich herbeiließ, die gründliche und daher kostspielige Aufmöbelung seiner kaiserlichen Kriegsmarine anzuordnen. Schließlich war man ja wer und wollte der englischen Verwandtschaft nicht länger die sieben Weltmeere allein überlassen. Die Gegenfinanzierung jedoch sollte höchst unkaiserlich erfolgen. Denn Majestät geruhte, zu diesem Zwecke den Steuerzahler zur Ader zu lassen, und ersann, die bis dahin unbekannte Sektsteuer einzuführen.

Der gemeine Untertan im wilhelminischen Reich von Flensburg bis Passau, von Metz bis Tilsit hatte jedoch nach getaner Vierzehnstundenschicht in Bergwerk, Fabrik oder auf dem Felde selten bis nie Zeit und Muße (und vor allem das nötige Kleingeld), »ein Glas Champagner aufzumachen[61]«, um sich ein Fläschchen zum Gaumen zu führen.

Da der Genuss des erlesenen Schaumweines daher eher gehobenen Schichten vorbehalten blieb, kann diese Schampussteuer als die erste *Reichensteuer* in deutschen Landen bezeichnet werden.

61 Edmund Stoiber am Abend der Bundestagswahl vom 22. September 2002 nach Schließung der Wahllokale, aber dummerweise vor Vorliegen des Endergebnisses.

Die Kriegsmarine gibt es zwar schon seit ein paar Jährchen nicht mehr, Friedrich Wilhelm Viktor Albert von Preußen, der letzte der Hohenzollern in Amt und Würden[62], weilt nicht mehr unter den Lebenden, und der Baumbestand um Haus Doorn hat sich von der Lieblingsfreizeitaktivität seines letzten Bewohners auch so weit erholt.[63] Einzig die Schaumweinsteuer ist uns geblieben. Gutes muss erhalten bleiben!

Da ist es auch nur folgerecht, dass keine bisherige Bundesregierung auch nur den kleinen Finger der linken Hand krumm gemacht hat, um die im wahrsten Wortsinn sprudelnden Einnahmen dieser Zwangsabgabe aufzuheben. Konsequenterweise hat man 2008 darüber hinaus ein neues Modell der Reichensteuer entwickelt, nämlich die »Erhöhung der Einkommensteuer für besonders hohe Einkommen«.

Ein besonders hohes Einkommen hat man hierzulande ab 250.001 Euro. Der eine Euro wird mit 45 Prozent besteuert, genauso natürlich jeder darüber hinaus. Vom Rest legt sich der Fiskus immerhin noch 42 Prozent auf den hohlen Zahn[64]. Für niedrigere Einkommen verläuft die Berechnung

62 Anmerkung für die jüngeren Leser: »Kaiser Franz«, der legendäre Kapitän der ruhmreichen Weltmeistermannschaft von 1974, ist nur ein Spitzname. Und »Kapitän« bedeutet, Beckenbauer war Spielführer, nicht Schiffsführer!

63 Seine Kaiserliche Hoheit lebte nach seiner Abdankung 1918 bis zu seinem Tode 1941 im niederländischen Exil und vertrieb sich den Ruhestand mit Holzfällen. Wahrscheinlich haben die Holländer deshalb heute so wenig Wald.

64 Von derlei Kinkerlitzchen wie dem Solidaritätszuschlag, der noch mal obendrauf geschlagen wird, soll hier und im Weiteren der Einfachheit halber einmal abgesehen werden. Eingeführt übrigens

der Steuerlast progressiv, das heißt, wenn man zwischen circa 8000 (alles darunter ist steuerfrei) und circa 53.000 Euro verdient, steigt der Anteil, den man an den Finanzminister zu löhnen hat, überproportional an. Darüber bleibt er konstant bei 42 Prozent – bis zum schon erwähnten zweihundertfünfzigtausendundersten Euro. Alle Unklarheiten beseitigt?

Gehören Sie also zu den Unglücksraben, die jährlich über 250.000 Euro verdienen, sollten Sie sich jedoch vor Augen halten, dass der Spitzensteuersatz im Jahr 2004 insgesamt noch 45 Prozent betrug. 1999 standen noch 53 Prozent zu Buche und in den Siebzigern bis zum Ende der Achtzigerjahre sogar noch 56 Prozent, davor ebenfalls 53 Prozent. Und zwar nicht erst ab 250.000 Euro, sondern bereits ab dem Erreichen der bereits oben erwähnten circa 53.000 Euro[65]. Genießen Sie also lieber die Gnade der späten Geburt – und mit ihr die der späten Besteuerung!

Die »Reichen« zahlen also jetzt etwas weniger mehr, als sie vor den umfangreichen Steuerentlastungen in der Kanzlerära Schröder mehr mehr gezahlt haben. Und der wurde ja nicht umsonst (sic) der *Genosse der Bosse* genannt.

Wenn Sie also in den Nachrichten irgendwann mal wieder einen Finanzminister sagen hören, dass die Bevölkerung um soundso viele Milliarden entlastet wird, sollten Sie nicht zwingend davon ausgehen, auch wirklich dazuzugehören.

1991. Wie gesagt: Gutes muss erhalten bleiben! Man trennt sich halt ungern von lieben Gewohnheiten.

65 Vor der Währungsreform lag die Grenze bei etwas über 100.000 D-Mark.

Die Einführung der *Reichensteuer*, die Volkes Mund nicht von ungefähr auch *Neidsteuer* schimpft, ist nichts anderes als eine staatlich verordnete Beruhigungspille für den übrigen Volkskörper. Immerhin rezeptfrei und ohne dass die Krankenkassenbeiträge schon wieder steigen. Man ist ja schon mit wenig zufrieden. Allerdings ist der Deutsche nicht nur neidisch auf »die Reichen da oben«, sondern auch auf die »Schmarotzer da unten«, die sich von seinem Steuergeld einen lauen Lenz machen. Nicht arbeiten gehen und schon mittags faul auf der Couch vor der Flimmerkiste hocken, wo Richterin Barbara Salesch oder Richter Alexander Hold sich das Geplärre von schlechten Laiendarstellern anhören, statt die Produzenten der Sendung zu 20 Jahren Umerziehungslager zu verurteilen.

Das kann der Deutsche gar nicht verknusen, wenn derlei Subjekte das *Vierte Gesetz für moderne Dienstleistungen am Arbeitsmarkt* (Hartz IV)[66] schamlos ausnutzen, nachdem sie mit 48 bei Nokia rausgeflogen sind, ihr Erspartes aufgebraucht, das Auto verkauft und die Konfirmationsuhr beim Pfandleiher versetzt haben.

Dem muss ein Riegel vorgeschoben werden. Zum Glück wissen auch hier die Regierungsverantwortlichen guten Rat, der in diesem Fall nicht mal teuer ist. Medienwirksam werden strengere Kontrollen, Hausbesuche und dergleichen verkündet, um zu verhindern, dass Arbeitslosengeld-II-Empfänger sich beim Sozialamt ein neues Billy-Regal erschwindeln, obwohl das alte noch ganz gut in Schuss ist. So wäre alles in bester Butter, wäre nicht der Umstand zu be-

66 Vgl. »Hartz IV«

klagen, dass dem Fiskus ein Vielfaches an Milliarden jährlich durch Steuerhinterziehung durch die Lappen ginge. Hier ist guter Rat teuer, und die Regierung weiß sich keinen anderen, als Steuerflucht durch Amnestien und Steuersenkungen einzudämmen. Warum die Höhe des Hartz-VI-Satzes nicht analog auf ein menschenwürdigeres Maß angehoben wird, damit es niemand mehr nötig hat zu bescheißen, bleibt ungeklärt.

Denn als von der Reichensteuer arg Gebeuteltem bleibt Ihnen immerhin noch alternativ, Ihren Zaster in eine private Stiftung in Liechtenstein einzubringen, in Immobilienprojekte in den nicht mehr ganz so neuen Ländern zu investieren oder über Andorra und Monaco via Liberia über die Kaimaninseln auf das zum niederländischen Königreich gehörende Curaçao zu transferieren. Sollte Ihnen als Endziel ein holländisches Hoheitsgebiet aufgrund der unvergessenen Spuckattacke von Frank Rijkaard auf unser Tante Käthe ihre Lockenondulation während der WM 1990 widerstreben, steht für Sie und Ihr Geld mit den Jungferninseln, Aruba, Tonga, Gibraltar oder Barbados der eine oder andere Ersatzkandidat bereit.

Befinden Sie sich jedoch in einem Einkommensbereich, der den Anlageberatern der Geldinstitute der vorgenannten Steueroasen nur ein müdes Arschrunzeln entlockt, brauchen Sie dennoch nicht zu verzagen. Das deutsche Steuersystem bietet auch Ihnen reichhaltige Möglichkeiten, die im Schweiße Ihres Angesichtes erarbeitete Kohle nicht für idiotische Staatsausgaben hergeben zu müssen, wie Brücken, wo später nie Autobahnen gebaut werden, Reisen von Landtagsabgeordneten, die sich in China über die Entwicklung des Beschwerderechts informieren, Landwirtschaftswege, die für gängige Traktoren zu schmal sind, oder ähnliche Schildbürgerstreiche.[67]

Auch im Rahmen der privaten Einkommensteuererklärung bieten sich zahlreiche Kniffe, um die Steuerlast auf null zu senken. Sie haben zum Beispiel die Wahl, ob Sie die Werbungskostenpauschale komplett in Anspruch nehmen oder die gefahrenen Kilometer zum Arbeitsplatz – soweit noch vorhanden – einzeln abrechnen. Was den eindeutigen Vorteil hat, dass Sie die wiederum mit der Kreppsohlensteuer gemäß § 27, Absatz 2, Satz 1 der Abgabenverordnung im Rahmen des allgemeinen Ehegatten-Lastenausgleichs problemlos verrechnen können. Zumindest, wenn die Voraussetzungen der Anlagen K bis H des Ergänzungsantrags 03/4,2785 erfüllt sind. Aber das ist ja bereits der Fall, wenn Sie als Betreiber eines Rummelplatzfahrgeschäfts in der fünften Generation oder gelegentlicher Nutzer der Rathauskantine zwischen 12:06 Uhr und 13:76 Uhr an ungeraden Feiertagen mindestens drei Elternteile vollständig in Pflege haben.

»Das Feigenblatt des Neides ist die sittliche Entrüstung«
Karl Kraus, Journaillenverächter

Schwierigkeiten könnten Sie eigentlich nur bekommen, wenn Sie nach § 31 EStG der degressiv-redundanten Ausgabenversteuerung im Falle einer Gewinnrückübereignung aus den drei Folgejahren unterliegen. Aber nur nicht die Nerven verlieren! Dann haben Sie nämlich immer noch die

67 Alles schon dagewesen!

Möglichkeit, aus drei Optionen zu wählen: Weinkrampf, stummes Gebet oder Kopf in den Backofen und Gashahn auf. Obschon: Bei den Gaspreisen heutzutage ist ja weiterleben billiger!

Böse und vor allem einfältige Zungen behaupten weiterhin hartnäckig, wenn unser Steuersystem John Waynes Pferd gewesen wäre, er hätte ihm den Gnadenschuss gegeben, und darüber hinaus sei ein derart intransparentes und verwirrendes System lediglich eine Art Arbeitsbeschaffungsmaßnahme für Finanzbeamte, Steuerberater und gewiefte Winkeladvokaten jeglicher Couleur.[68]

Dabei wird doch hier an diesem kleinen und einfach nachzuvollziehenden Beispiel überdeutlich gezeigt, dass jeder mittelbegabte Achtklässler nach kurzer Einweisung in der Lage ist, einen ganz normalen Steuerfall zur Zufriedenheit aller, außer dem Finanzminister, zum Abschluss zu bringen.

Wenn Sie trotzdem misstrauisch bleiben und Ihre Penunzen doch lieber auf eigene Faust am Fiskus vorbeischleusen wollen, liegen Sie allerdings voll im Trend! Kleine, runde Lakritzbonbons eines namhaften Süßigkeitenherstellers aus Bonn, auf denen Zahlen eingeprägt sind, hießen bis in die Siebzigerjahre offiziell *Negergeld*. Dies ist nicht länger politisch korrekt. Mohrenköpfe heißen *Schaumküsse* und das gute alte Negerkussbrötchen nun *Backerzeugnis mit afro-kulturellem Migrationshintergrund*. Das frühere *Negergeld* gibt es auch noch, jedoch wurde der Name dem Zeitgeist angepasst. Es heißt jetzt *Schwarzgeld*!

Und von dem, so schließt sich der Kreis, kann man eine

68 Vgl. »Arbeitslosenquote«

Menge schaumigen Weines kaufen, um auf das Wohl und gutes Gelingen unserer Friedensmarine anzustoßen. Die ist nämlich jetzt nicht mehr böse, so wie früher, sondern tut nur noch Gutes. Zum Beispiel im Golf von Aden schippern, um zu verhindern, dass dort ansässige ehemalige Fischer, denen wir vorher ihre beschuppte Lebensgrundlage aus dem Meer gezogen haben, um sie als Häppchen zum Schampus zu reichen, und die daher auf »Pirat« umgeschult haben, ihre eigene Reichensteuer durchsetzen. Prösterchen!

Wachstum, Wachstum, Wachstum:

Wirtschaftswachstum

Wahlen sind toll! Und natürlich hatte Kurt Tucholsky unrecht, als er behauptete, wenn er es denn wirklich tat, wenn Wahlen etwas ändern würden, wären sie verboten. Denn Wahlen ändern etwas, indem sie Farbe in unser oft so graues Alltagsleben bringen. Schon Wochen vor dem Wahlsonntag verschönern viele, viele bunte Wahlplakate das Straßenbild.[69] Ganz viele von der Union und der SPD, auch viele von den sogenannten Liberalen, den Grünen und den Linken, ein paar weniger von der Christlichen Mitte (für ein Deutschland nach Gottes Geboten), der APPD (Anarchistische Pogo-Partei Deutschlands) oder »Die Violetten« (für eine spirituelle Politik). Zu unterscheiden sind sie oft an der Farbe, selten am Inhalt. Werden beim einen Sicherheit und Arbeit versprochen, sind es beim nächsten Arbeit und Sicherheit. Und Wachstum. Darin sind sich alle einig: Wachstum ist gut. Wachstum muss her. Was für eine

> **»Wachstum um des Wachstums willen ist die Ideologie der Krebszelle«**
> Edward Abbay,
> philosophierender Naturforscher

69 Vgl. »Vollbeschäftigung«

chinesische Frauenschwimmstaffel billig ist, kann für unsere Wirtschaft nur recht sein. Denn Wachstum schafft Arbeitsplätze. Ach ja?

In den Ländern der ehemaligen DDR hat sich zu Zonenzeiten die Wirtschaft wachstumsmäßig allerdings alles andere als mit Siebenmeilenstiefeln bewegt. Trotzdem hatte jeder Arbeit. Nach der Wende wuchs die Wirtschaft, aber die Arbeitsplätze wurden knapp. Sieh an!

Außerdem sei Wirtschaftswachstum die Grundlage für die Steigerung des allgemeinen Wohlstandes. Wachstum des Wohlstandes bedeutet in der Regel aber auch Wachstum der Wohlständler. Zunächst in die Höhe, denn wohlhabende Völker gewinnen über Generationen an Körpergröße. Dann in die Breite, denn eine Playstation als Zeichen des Wohlstandes ersetzt nur allzu oft allzu gern das Fußballspiel an der frischen Luft oder die Flucht nach dem Kirschenklau in Nachbars Garten. Kurz: die körperliche Ertüchtigung.

Während die deutsche Bevölkerung, eine der wohlhabendsten auf diesem Planeten, in ihrer absoluten Anzahl schrumpft (Stichwort: Die Deutschen sterben aus[70]), bleibt sie in ihrer Biomasse also durch größere Einzelgewichte der adipösen Brut konstant. So gleicht sich alles aus im Leben. Dem Wirtschaftswachstum sei Dank!

Dieses Wirtschaftswachstum berechnen die Volkswirte im sogenannten Bruttoinlandsprodukt. Hier wird der Wert von allem, was wir so innerhalb eines Jahres in diesem unserem Lande bauen, schrauben, drechseln oder schmieden, zusammengezählt. Aber auch Dienstleistungen ge-

70 Vgl. »Demografischer Wandel«

hören dazu, wie zum Beispiel Beratung, Bedienung oder Beschneidung. Ein Besuch beim Frisör hemmt damit zwar das Wachstum Ihres Schopfes, fördert aber das des Bruttoinlandsproduktes.

Im Gegensatz zu ehrenamtlichen Tätigkeiten oder Pflege von Oma, Opa oder Erbtante. Letztgenannte Tätigkeit kann sich zwar unter Umständen positiv auf das Wachstum des eigenen Erbanteils auswirken, das Inlandsprodukt wird dadurch jedoch nicht gesteigert.

Durch Verkehrsunfälle hingegen schon, da Abschleppdienst, Autoreparaturen, Verschrottung, Neukauf, Krankenhausaufenthalte, Rehabilitation etc. im Inlandsprodukt auftauchen. Jeder Autounfall bedeutet also Wirtschaftswachstum. Statt die Oma zu pflegen, sollte man also lieber öfter mal mit 180 Stundenkilometern durch die Innenstadt rasen wie eine gesengte Sau und anschließend am Unfallort noch ein bisschen Benzin ins Erdreich einleiten, dann kann Ihnen schon mal niemand den Vorwurf machen, Sie hätten untätig gewartet, bis der Aufschwung kommt.

Oder stellen Sie sich folgende Schlagzeile vor: »Bestattungsbranche wächst dieses Jahr um 300 Prozent!« Niemand wäre begeistert. Mit Ausnahme der Erbnichten und -neffen.

Wohin ungehemmtes Wachstum führen kann, können Sie jeden Dinosaurier fragen. Nur drei Spezies haben aus deren Schicksal keine Lehren gezogen und setzen immer noch auf Wachstum ohne Sinn und Verstand: Ökonomen, Politiker und Krebszellen.

Wobei die humanoiden Wachstumsfanatiker gegenüber der Krebszelle den unschätzbaren Vorteil auf ihrer Seite haben, in der Bibel nachlesen zu können, wohin ungehemmter Wachstumswille führen kann. Stichwort: Turmbau zu Babel (Genesis, 1. Buch Mose, Kapitel 11). Doch sie lassen ihn ungenutzt.

Trotzdem reagieren Politik und Bevölkerung auf die durch die sogenannte Finanzkrise hervorgerufenen, schwindenden Wachstumsraten wie Väter, deren Tochter zum ersten Mal einen Freund mit ins traute Heim bringt. Nämlich abwechselnd mit Wehklagen und blindem Aktionismus. Statt zu akzeptieren, dass beides sowohl abseh- als auch unvermeidbar ist. Zumindest, solange der Typ nicht von oben bis unten tätowiert ist oder jede Menge Blech in Augenbrauen, Mund und Nase trägt, als ob sich jemand mit einem Bolzenschussgerät an ihm zu schaffen gemacht hätte. Stattdessen werden Abwrackprämien eingeführt und Konjunkturpakete geschnürt, um die Schrumpfung des Dinosauriers abzufedern. Charles Darwin würde die Hände über dem Kopf zusammenschlagen.

> **»Wachsen im geistigen Sinne bedeutet nicht größer werden, sondern kleiner werden«**
> Søren Kierkegaard, Christ

Aber auch heidnische Ökonomen, die eher der eigenen Netzhaut als auf das Wort Gottes vertrauen, lassen sich von Beispielen, die ihnen Mutter Natur höchstpersönlich als Anschauungsunterricht liefert, nicht beeindrucken.

Ein Apfel beispielsweise ist dumm. Aber wenn er reif ist, fällt er vom Baum. Es ist nicht ein einziger Apfel bekannt, der sich an seinen Ast geklammert hätte, um weiterzuwachsen auf Teufel komm raus. Der Apfel sagt sich: »So ist es nun so weit! Ich schmecke jetzt am besten, nicht zu süß, nicht zu sauer. Habe die optimale Größe, dass ich – in Viertelchen geschnitten – genau in die Butterbrotdose passe. Wohlan!« Und schon springt er mit Todesverachtung in die Tiefe, ohne den harten Aufprall und damit verbundene Druckstellen (Apfel-Hämatome) zu fürchten, wissend, wann seine Zeit gekommen ist.

Genau wie der Mensch! Nach neun Monaten im Mutterleib wissen wir instinktiv, nun wird es Zeit, die gastliche Heimstätte zu verlassen. Denn wir sind genau so groß, wie wir sein müssen. Nicht zu klein, sonst haben wir keine Überlebenschance, nicht zu groß, sonst wird es eng an den Schläfen.

Eine fötale Weisheit, die wir leider leichtfertig über Bord werfen, sobald wir anfangen zu denken, riesige genmanipulierte Äpfel züchten, möglicherweise Wirtschaft studieren, um dann festzustellen: In beidem steckt der Wurm.

Glaskugel oder Kaffeesatz?

Wirtschaftsweise

Milton Friedman, Preisträger des Preises für Wirtschaftswissenschaften der schwedischen Reichsbank in Gedenken an Alfred Nobel[71] 1976, wird der erhellende Ausruf zugeschrieben, dass Wirtschaftswissenschaftler der Gesellschaft großen Schaden zufügten, indem sie die Politiker dazu ermuntert haben, übertriebene Versprechungen zu machen, die Unzufriedenheit wecken. Trotzdem verkünden die Wirtschaftsweisen Herbst für Herbst, Frühjahr für Frühjahr im Rahmen ihrer gleichnamigen Gutachten, sie wüssten, wie das Wetter wird. Denn sie haben ja das Klima, also die langfristigen Wetterschwankungen, beobachtet. Und jetzt kommt's: Auf Regen folgt auch wieder Sonnenschein!

Wer hätte das gedacht? Ich. Und Sie. Und alle anderen, die keine Tomaten auf den Augen haben.

Etwas genauere Aussagen als die vorgenannte Prognose sind allerdings schwierig. Ungern lässt sich der Ökonom auf konkrete Zahlen festlegen, sondern beginnt eine Antwort gewohnheitsmäßig mit *Es kommt darauf an ..., Dabei muss man berücksichtigen ...* oder *Ganz klares Jein.*

71 Vgl. »Wirtschaftswissenschaft«

Sehr zum Leidwesen der Wirtschaftsinstitute bestehen Jan Hofer und Konsorten darauf, in der Tagesschau oder ähnlich gelagerten Unterhaltungsformaten auf anderen Sendern im Rahmen der Frühjahrs-, Sommer-, Herbst- und Wintergutachten eine konkrete Prognose, eine zahlenmäßig angegebene Größe des zu erwartenden Wirtschaftswachstums im nächsten Halbjahr präsentieren zu können. Kann man auch verstehen. »Wenn der Hahn kräht auf dem Mist, ändert sich die Wirtschaft, oder sie bleibt wie sie ist« lässt sich nicht gut verkaufen. Dafür schaltet keiner die Tagesschau ein. Oder man könnte die Wirtschaftprognose gleich dem Kachelmann überlassen. Manchmal hab' ich den Eindruck, der rät zwar auch nur rum, das aber unterhaltsamer als jeder dröge Wirtschaftsfuzzi.

Also veröffentlichen die Wirtschaftsweisen schweren Herzens eine Zahl, die sie vorher ausgewürfelt, ausgekegelt oder per Schnick-Schnack-Schnuck ermittelt haben, und Herr Hofer teilt abends in der Tagesschau mit: »Berlin. Die fünf führenden Wirtschaftsinstitute erwarten im nächsten Halbjahr ein Wirtschaftswachstum von 1,3 Prozent.« Oder 1,5. Oder 1,8. Auf jeden Fall irgendwas zwischen ein und zwei Prozent. Wenn nicht gerade Finanzkrise ist, kommt das in der Regel mehr oder weniger immer hin. Zur Not setzt man im Nachhinein bei der einen oder anderen Nachkommastelle den Radiergummi an und faselt etwas von externen Effekten, exogenen Schocks oder dem Dollarverfall im transatlantischen Becken.

»Da sprach der alte Häuptling der Indianer«
Gus Backus, Schlagerlegende

In Zeiten der Finanzkrise ist das Wirtschaftswachstum natürlich kleiner. Unter Umständen schrumpft die Wirtschaft sogar. Das heißt bei den verantwortlichen Politikern dann aber nicht Schrumpfung, sondern Minuswachstum. Man kann auch doppelplus-ungute Nachrichten positiv verkaufen. George Orwell lässt grüßen.

Das eigentlich Erstaunliche ist aber nicht, dass die wenigstens noch halbwegs als seriös angesehenen TV-Nachrichtenformate und deren Printkollegen dieser irgendwo zwischen Kaffeesatzleserei und wildem Rumgerate anzusiedelnden Tätigkeit Raum in ihrer Berichterstattung geben, statt entsprechende Veröffentlichungen dieser Institute direkt in Ablage P zu entsorgen. Bemerkenswerter ist die Tatsache, dass es ihnen Halbjahr für Halbjahr gelingt, zu erklären, warum das nicht hat eintreten können, was sie vorher prognostiziert haben – um ein halbes Jahr später in die nächste Vorhersagepleite zu stolpern. Prognosen sind nun mal eine schwierige Sache. Besonders, wenn sie die Zukunft betreffen.

Dabei kann man ohne hellseherische Fähigkeiten durchaus schon mal danebenliegen. Das ist ganz normal und sollte nicht weiter beunruhigen. Gary Cooper hat die Rolle des Rhett Butler in *Vom Winde verweht* abgelehnt und Clark Gable einen Riesenflop prophezeit. Die Schallplattenfirma DECCA hat vier junge Pilzköpfe aus Liverpool weggeschickt, weil man dort der Meinung war, dass Gitarrenmusik keine Zukunft habe. Und bereits im Jahr 1899 soll ein gewisser Charles Duell, damals immerhin Beauftragter des US-Patentamts, angeregt haben, das Amt zu schließen, schließlich sei alles erfunden, was es zu erfinden gäbe. Was uns da alles entgangen wäre! Der Milchaufschäumer, das Navigationssystem und der Hornhauthobel. Ein schrecklicher Gedanke.

Das Dumme ist jedoch, dass eine veröffentlichte Prognose, egal ob sie sich als falsch, ganz falsch oder weniger falsch erweist, Arbeitgeber und Arbeitnehmer etc., Verkäufer und Konsumenten pp. beeinflusst. Eine düstere Prognose lässt uns wirtschaftlich vorsichtiger agieren, eine von Optimismus geprägte Vorhersage hellt die Stimmung und damit die Kauflust und Investitionsfreude auf. Der Ökonom spricht von empirisch gestützter Wirtschaftsprognose, der Psychologe von sich selbsterfüllender Prophezeiung, mein Tankwart von geistlosem Geschwafel, das nur unnütz viel Geld kostet und die Leute bekloppt im Kopp macht.

Aber wenn positive Prognosen tatsächlich selbst Bombenstimmung produzieren können, sollte man dann nicht im Falle einer sich abzeichnenden Konjunkturflaute durch gezielt verbreitete Schönwetterprognosen dem lahmenden Gaul ein wenig auf die Sprünge helfen? Schließlich soll der rumänische Conducător Nicolae Ceaușescu in seiner Amtszeit zum Beispiel das Wetteramt angewiesen haben, keine Temperaturvorhersagen unter 15 Grad unter null zu machen. Da im selbst für Ostblockverhältnisse noch jämmerlich armen Rumänien nie genug Brennstoff und Heizmaterial zur Verfügung stand, wollte man die Stimmung der Bevölkerung nicht auf ähnliche Tiefpunkte absinken lassen wie die Temperaturen. Ideen muss man haben!

Oder so hat zum Beispiel der Führer und Reichkanzler der Deutschen Nation bei der Durchfahrt durch zerbombte deutsche Städte die Waggonfenster seines Sonderzuges verhängen lassen, um sich die gute Laune nicht zu verderben. Das ist positives Denken – allerdings lag er mit seiner Prognose vom Endsieg ähnlich weit daneben wie heute mancher Wirtschaftsexperte mit seinem Frühjahrsgutachten.

Außerdem bot die von den beiden vorgenannten Herren präferierte Staatsform die Möglichkeit, Entscheidungen zu treffen, in die man sich nicht von jedem Dummbatz reinquatschen lassen musste. Dies lässt schon erahnen, dass diese Vorgehensweise auf unser heutiges Staatsmodell nicht eins zu eins übertragbar sein dürfte. Es sollte uns aber ab sofort leichter fallen, mit der Veröffentlichung falscher Wirtschaftsprognosen leben zu können, dafür aber für ein falsches Wort in der Öffentlichkeit nicht sofort vom Leben zum Tode befördert zu werden. So hat alles sein Gutes.

»Lieber etwas misstrauisch als etwas tot«
James Bond, Geheimagent

Für Finanzkrisen gibt es nur geringe Erfahrungswerte, mit denen man seine Was-passiert-dann-Maschine füttern könnte. Daher sind seriöse Vorhersagen in Zeiten von Liquiditätskrise und Kreditklemme überhaupt nicht möglich. Da in den Modellrechnungen der Wirtschaftsinstitute einfach nicht eingeplant ist, dass die Finanzwelt vor dem totalen Zusammenbruch gerettet werden muss, könnte der Hofer auch seinen Sitznachbarn im Linienbus zum Tagesschaustudio fragen, wie die Wirtschaft sich im nächsten halben Jahr denn wohl entwickelt. Wenn der Befragte nicht gerade von seiner Freundin verlassen wurde (miese Stimmung) oder von seiner Frau (euphorische Stimmung), wird dessen

Treffergenauigkeit nicht viel von der der Wirtschaftsinstitute abweichen.

Und eine punktgenaue Vorhersage auf die Nachkommastelle genau würden beide nur durch zufälliges Raten hinkriegen oder wenn Weihnachten und Fronleichnam auf einen Tag fallen. Und Letzteres, das können selbst unsere Wirtschaftsweisen mit einiger Sicherheit prognostizieren, ist relativ unwahrscheinlich. Es kommt darauf an ...

Wirtschaftsgutachten, die sich mit der Entwicklung von Konjunkturdaten in der Zukunft beschäftigen, lassen sich am besten mit einer alten Geschichte beschreiben, die weiße Siedler so in den für sie damals unbekannten Weiten der amerikanischen Prärie erlebt haben könnten: In Ermangelung von Erfahrungswerten über die klimatischen Bedingungen zur kalten Jahreszeit in der neuen Welt befragen die Siedler einen alten Indianerhäuptling, der nicht nur unzählige Monde, sondern auch bereits viele Wenden von Bruder Sonne erlebt hat. Der Häuptling spricht weise, dass der bevorstehende Winter sehr kalt werden wird. Hugh!

Daraufhin bevorraten sich die Neuankömmlinge aus Europa mit Brennholz, das sie in den umliegenden Wäldern schlagen. Doch, oh je, wird das reichen? Man beschließt, erneut den weitsichtigen Stammesführer zu befragen. Der bescheidet die Siedler, dass der Winter nach neuesten Erkenntnissen sehr, sehr streng wird. Hugh!

Die Äxte glühen, die Sägen laufen heiß. Die Siedler fällen um die Wette. Von Umweltbewusstsein damals noch keine Spur. Aber ob der Vorrat ausreicht?

Ein weiteres Mal wird der Indianerführer zu seinen Erwartungen bezüglich der Temperaturbedingungen der nächsten Monate befragt. »Winter wird härteste Winter seit der große Geist hat bestraft rote Mann mit Anwesenheit von weiße Mann in Land von rote Mann. Hugh!«

Die weißen Siedler sind dankbar, dass der weise Häuptling sie an seinen Erfahrungen teilhaben lässt. Glücklich, dass sie nun nicht blindlings in ihr wetterbedingtes Verderben laufen. Und ehrfürchtig wegen der Weisheit des alten Häuptlings. Aber auch neugierig, warum und woher er weiß, dass die nächsten Monate sehr, sehr, sehr, kalt werden. Der Häuptling schaut in die Ferne über Prärie und Tal, wendet sich an seine wissbegierigen Zuhörer und spricht: »Weißer Mann hacken viel Holz!« Hugh!

Rette mich, wer kann:

Subventionen

Samstagnachmittag in der guten alten Zeit. Vati wäscht auf der Straße vor dem Haus sein liebstes Stück, den kackbraunen Opel Ascona, und gewährt beim Aussaugen der Fahrgastzelle mit Muttis neuem Vorwerk-Staubsauger ob des hochgerutschten Feinrippunterhemdes und der etwas ins Rutschen gekommenen Buxe tiefe Einblicke in sein Maurerdekolleté. Mutti streitet sich mit Frau Schneppdrelleck aus der Nachbarschaft, wer denn dieses Wochenende den exklusiven Zugriff auf die Wäscheleine im gemeinsamen Garten des Sechsparteienmietshauses habe. Nur übertönt von der Radio-Konferenzschaltung der Fußballbundesligaspiele aus Papis Autoradio. Dort kickt neben den üblichen Verdächtigen (Hamburger SV, Bayern München oder Schalke 04) auch Eintracht Braunschweig gegen Tennis Borussia Berlin oder der 1. FC Saarbrücken gegen die Fortuna aus Düsseldorf. Und nur intime Kenner der Szene werden wissen, wann diese Konstellation einmalig in der obersten deutschen Spielklasse anzutreffen war.

Es war die Zeit, in der Vati nach dem Schlusspfiff die Wagenpflege langsam einstellte, die Kinder wie jeden Sonnabend in etwa zur gleichen Zeit in die Badewanne gesteckt wurden und hernach im Frottee-Bademantel auf dem Sofa sitzend von Mutti ein geschältes und geviertelteltes Äpfelchen kredenzt bekamen. Und ebenso allsonnabendlich war der Streit vorprogrammiert, ob um achtzehn Uhr im einzigen Fernseher die *Sportschau* geguckt werden musste oder *Raumschiff Enterprise* geschaut werden durfte. In der Regel setzte sich der Haushaltsvorstand einstimmig durch. Nämlich mit einer Stimme, der seinen, gegen alle anderen.

Erst um halb acht kehrte der Familienfrieden wieder ein. Wenn es überlaut aus dem Gerät schallte, dass die auf ihm stehende Vase das Hüpfen begann: »Neunzehn Uhr dreißig und einundzwanzig Sekunden – hier ist Bärlin!«, waren sich alle einig: Die *Hitparade* war Pflichtprogramm. Wenn Roberto Blanco uns daran teilhaben ließ, dass ihm heute so, morgen so zumute ist, Tony Marshall die nächstbeste und -schönste Maid fragte, ob sie denn heute mal Zeit für ihn hätte, oder Roland Kaiser darauf hinwies, dass Alkohol sehr wohl eine Lösung sein kann (»Sieben Fässer Wein können manchmal die Rettung sein«), war Ruhe im Karton.

Gerappelt hat es erst am übernächsten Tag, und zwar an den Türen der Schallplattenläden oder in den phonographischen Abteilungen von Karstadt und Kaufhof. Anschließend hat es geklingelt, nämlich in deren Kassen. Schallplatten wanderten noch in Vinyl über den Ladentisch, in umgekehrter Richtung D-Mark. Beides vorbei!

Die D-Mark ist dem Teuro[72] gewichen, das Vinyl dem Polycarbonat. Aber nach wie vor sind Herstellung und Vertrieb von Compact Discs, den seit Jahren rückläufigen Verkaufszahlen zum Trotz, ein nicht zu unterschätzender Wirt-

72 Vgl. »Geld«

schaftsfaktor. Zumindest im Bereich der schlageresken und volkstümlichen Musik steht dem illegalen Download und der Schwarzbrennerei eine schier unüberwindliche Barriere entgegen: Das fortgeschrittene Alter der Kenner und Liebhaber dieses für fremde Ohren alles andere als Entspannung bereitenden Musikzweiges. Hier wird noch nach dem *Musikantenstadl* am Vorabend in der ARD oder dem persönlich in der Mehrzweckhalle von Plauen oder Klosterlausnitz beigewohnten *Schlagerabend mit Florian Silbereisen und seinen Freunden* am nächsten Morgen vorschriftsmäßig die CD-Abteilung beim Media Markt gestürmt. Der sagt einem noch obendrein, dass man trotzdem nicht blöd ist – das ist Schaffung von Binnennachfrage und Seelenmassage in einem. Was will man mehr?

»Subventionen sind Kraftnahrung für die Kinder der Nation, die am lautesten brüllen«
Antonio de Curtis, ernster Komiker

Nun stelle man sich vor, Stefan Mross (der Teufelstrompeter), Helene Fischer (die in ihrer sibirischen Heimatstadt Krasnojarsk noch Elena hieß) und die Amigos (kein Kommentar) würden unisono bekanntgeben, ab sofort der volkstümelnden Geldscheffelei den Rücken zu kehren, um sich zukünftig ausschließlich den bislang im aufreibenden Schlagerbardenleben zu kurz gekommenen Hobbys zu widmen. Autogenes Schweißen in der Gruppe auf Gomera, Goldschmiedearbeiten mit Hammer und Amboss in Lappland oder Straßenkampf in Grosny.

Neunzig Prozent des noch in Deutschland produzierten Compact-Disc-Ausstoßes würden über Nacht wegbrechen wie die Kreidefelsen auf Rügen. Kurzarbeit, Insolvenz, ganze Familien, bei denen Mutti im Presswerk als Alleinverdienerin wirkt, weil Papi schon lange bei Nokia rausgeflogen ist, würden schneller an den sozialen Rand gedrängt, als Dieter Thomas Heck dreimal hintereinander »Der Roland, der Kaiser« sagen könnte.

Ganz zu schweigen von den regionalen Zulieferbetrieben und dem mittelständischen Umfeld um die CD-Fabriken herum. Die Fleischereifachverkaufsgeschäfte, die Bäckereifachverkaufsgeschäfte, die Wirts- und sonstige Freudenhäuser.

Während dort sonst nach Schichtende Hochbetrieb war und sich die Presswerker in der Kneipe um die Ecke den Plastik-Staub aus der Kehle spülten, wenn man mal wieder so richtig ordentlich CDs gepresst hatte, herrscht nun Grabesstille an der Theke.

Denn mittlerweile hat sich die gesamte Belegschaft mit der sich solidarisierenden Bevölkerung auf der Straße formiert. Brückenblockaden im Berufsverkehr, nächtliche Mahnwachen vor den Werkstoren, Lichterketten, Marsch auf Berlin.

Dort ist zwischenzeitlich auch die CD-Lobby im Deutschen Bundestag aktiv geworden. Deren Argumente sind bekannt. Erstens: Wir müssen die heimische CD-Industrie vor den Billigimporten aus Polen und China schützen. Zweitens: Die deutsche CD muss ein Standbein unserer Musikversorgung bleiben. Drittens: Wir dürfen uns nicht in die Abhängigkeit der CD-exportierenden Länder begeben.

Schließlich kann sich keiner ausmalen, was hier los wäre, wenn sich die CD-exportierenden Länder wirklich mal auf

Herstellungsquoten einigen und uns den Hahn abdrehen. Dann können wir aber hier unsere Musik wieder wie in der Steinzeit in Wachsplatten ritzen.

Die Stimmung ist aufgeheizt, der Kessel droht zu explodieren. Daher erklärt schließlich die Bundeskanzlerin die Angelegenheit zur Chefinnensache, stellt die heimische CD-Industrie unter Artenschutz, erklärt sie für systemrelevant, beantragt die Aufnahme auf die *Rote Liste gefährdeter Arten* und lässt sich unter dem Jubel der versammelten Meute von selbiger als Retterin feiern. Natürlich nur in einem Wahljahr oder wenn die Umfragewerte gerade nicht ganz optimal sind und einer kleinen Auffrischung bedürfen oder wenn man gerade wieder von sonstigen innenpolitischen Fehlleistungen ablenken will. Die Zauberworte lauten hier »schnell« und »unbürokratisch« – was so viel heißt wie: »Keine Ahnung, wo das Geld dafür herkommen soll!«

Schon wird zum Zwecke der Gegenfinanzierung über die Einführung einer Atemluft-Steuer, einer Gehsteigbenutzungsgebühr oder einer Sonnenlicht-Abgabe diskutiert. Vereinzelt wird auch der alte Klassiker »Erhöhung der Mineralölsteuer« bemüht. Eine alte Platte, die von jeder Bundesregierung gerne früher oder später aufgelegt wird.

Zur Not können immer noch ein paar Zuschüsse für Kindergartenplätze gestrichen werden. Schließlich sagen die Demografen ja sowieso eine immer kleiner werdende Bevölkerung voraus[73]. Dann passt das ja.

Da man sich nicht auf ein Gegenfinanzierungsmodell einigen kann, führt man kurz vor der parlamentarischen

73 Vgl. »Demografischer Wandel«

Sommerpause durch die Hintertür alle gleichzeitig ein. Eine etwaige Finanzierungsunterdeckung wird durch neue Schulden kaschiert.

Die Bundesregierung ist zufrieden. Sie hat sich als tatkräftig, zupackend und volksnah erwiesen. Das macht sich immer gut bei anstehenden Wahlen.

Die Wähler sind zufrieden. Dass sie weiterhin CDs zu Preisen kaufen müssen, die aufgrund der gesunkenen Nachfrage nicht den eigentlich niedrigeren Marktpreisen entsprechen, und sie deren Herstellung vorher quasi schon von ihrem Steuergeld bezahlt haben, geht im allgemeinen Jubel unter.

Die CD-Werkarbeiter sind zufrieden. Ihr Arbeitsplatz ist erst einmal auf Jahre gerettet. Jetzt bleibt genug Zeit, um sich nach Alternativen umzusehen.

Die CD-Werkinhaber sind auch zufrieden. Ihr Werk ist erst einmal auf Jahre gerettet. Jetzt bleibt genug Zeit, um sich nach Alternativen umzusehen.

Gehen am Schlagerhimmel die Lichter aus, böte sich beispielsweise eine Umstellung der Produktion auf Solarzellen an. Während nicht nur der Ausstieg von Stefan Mross, Helene Fischer und den Amigos sowie der in naher Zukunft aus biologisch-geriatrischen Gründen ebenfalls zu erwartende Rückzug von Heino, Udo Jürgens und den Flippers den CD-Bedarf in Zukunft dauerhaft sinken lassen werden, werden zukünftig steigende legale und illegale Downloads von Musikdateien den Markt darüber hinaus weiter schrumpfen lassen. Die Erschließung von erneuerbaren Energiequellen ist dagegen vor dem Hintergrund des ständig wachsenden Energiebedarfs der ebenfalls ständig wachsenden

Weltbevölkerung, der begrenzten Verfügbarkeit von fossilen Brennstoffen wie Öl und Gas sowie wachsenden Umweltbewusstseins in aller Munde und ein zukunftsträchtiger Markt. Aber nix passiert. Nüscht. Nickes. Nada. Niente. Schwarzes Loch.

Warum auch? Wer schon immer CDs produziert hat, wird sich doch durch so eine kleine Unpässlichkeit wie unwiderruflich und für immer veränderte Marktgegebenheiten nicht aus dem Konzept bringen lassen! Zumindest dann nicht, wenn die Kohle ja weiterhin pünktlich eintrudelt. Und wenn die Regierung eines Tages auf die Idee kommen sollte, die schönen Transferleistungen einstellen oder zumindest kürzen zu wollen, weil sie daraufgekommen ist, dass man die ganze Kohle sinnvoller einsetzen könnte, als sterbende Industriezweige am Subventionstropf künstlich am Leben zu halten, entwickeln die Betroffenen endlich den Elan, den man von ihnen bei der Suche nach neuen Betätigungsfeldern gewünscht hätte. Aufgebrachtes Geschrei wechselt sich ab mit übergroßen Lamenti. Das kennen wir doch aus dem Kinderzimmer: »Nimmst du mir mein Räppelchen weg, schrei' ich hier die Bude zusammen, dass es sich gewaschen hat! Und weil mein Geschrei nicht nur durch Mark und Bein, sondern auch durch Tür und Wand geht, hören das die Nachbarn. Und die werden ganz schön mitleidig auf mich schauen, weil

> **»Ich bin und bleibe der Überzeugung, dass der Bund – sollte die Wirtschaft ihrer patriotischen Verpflichtung nicht nachkommen – handeln muss«**
>
> Carl-Friedrich Arp Freiherr von Beust, Ole Pupp

ich kleines, hilfloses und unschuldiges Wesen hier so grausam behandelt werde! Noch irgendwelche Fragen?«

Aber wie man es macht, macht man es letztlich sowieso verkehrt: Im Arbeiter- und Bauernstaat ist die Bevölkerung allmontaglich auf die Straße gegangen, um für die Einführung der Marktwirtschaft zu protestieren, hier kippen die Bauern gern mal Gülle vors Kanzleramt, um die Planwirtschaft zu erhalten. The grass is eben always grüner on the other side. Geht doch nach drüben!

Ach, geht ja nicht mehr.

Augen auf beim Watussirindkauf!

Mehrwertsteuererhöhung

Vor der Wahl zum 16. Deutschen Bundestag am 18. September 2005 gab es zwei glasklare Aussagen der wahlkämpfenden Parteien. Die CDU/CSU hatte im Falle des Wahlsieges die Erhöhung des in Deutschland gültigen Mehrwertsteuersatzes von damals sechzehn Prozent um zwei Prozentpunkte angekündigt. Das sind nach Adam Riese dann achtzehn. Die SPD hingegen hat eine Mehrwertsteuererhöhung im Falle eines Wahlsieges rundweg ausgeschlossen. Folgerichtig hat Franz Müntefering nach der Fixierung der Anhebung des Steuersatzes im Koalitionsvertrag mit der CDU/CSU und der Zustimmung seiner Fraktion im Deutschen Bundestag denn auch darauf hingewiesen, dass sein Wahlversprechen nicht gelten könne, schließlich habe die SPD die Wahl ja nicht gewonnen. Auch eine Logik.

> **»Keine Kunst lernt eine Regierung schneller als die, Geld aus den Taschen der Leute zu ziehen«**
> Adam Smith, 1. Volkswirt

Und außerdem seien Koalitionsverträge schließlich sowieso immer Kompromisse, setzte der damalige Insolvenzverwalter der Sozialdemokratie Deutschlands noch hinzu. Recht hat er.

Merkels und Münteferings Kompromiss zwischen zwei Prozentpunkten und null lag also bei drei. Welcher Rechenweg sie dahin geführt hat, ist bis heute unbekannt. Lässt aber vermuten, dass die Grundrechenarten in den Volksschulen der Uckermark (Angie) und des Sauerlandes (Münte) nicht allzu großgeschrieben wurden. PISA oder Schildbürgerstreich?

Seien wir stattdessen froh, dass wir nicht zwischen Staatsanwältin Merkel und Verteidiger Müntefering auf der Anklagebank sitzen. Fordert sie zwei Jahre ohne Bewährung, er hingegen Freispruch, könnte man per Urteils-Deal auch schon mal lebenslang bei Wasser und Brot im Zuchthaus verschwinden. Glück gehabt!

Die Mehrwertsteuer (sprachlich exakter: die *Umsatzsteuer*) ist bei Politikern sehr beliebt. Nicht nur, weil sie hohe Steuereinnahmen bringt, sondern auch, weil man das Wahlvolk damit herrlich für blöd verkaufen kann – und das völlig steuerfrei.

Um wie viel wurde noch mal die Mehrwertsteuer erhöht? Um drei Prozent, oder? Von 16 auf 19, oder? Und läppische drei Prozent sind doch so gut wie gar nichts, oder?

Wenn ich mich an meine Schulzeit erinnere, an den guten alten Dreisatz, dann stellt es sich mir so dar, dass 16 Prozent die Ausgangsbasis sind. Also 16 Prozent Mehrwertsteuer sind gleich 100 Prozent der Mehrwertsteuer. Zu kompliziert?

Okay, gehen wir die Sache anders an: Sie haben 16 Äpfel und bekommen drei dazu, haben also 19. Um wie viel Prozent hat sich Ihr Apfelbestand vergrößert?

Noch einmal: 16 Äpfel = 100 %, 19 Äpfel = ??? %

Gut, eine Aufgabe, mit der im Rahmen einer PISA-Studie sicherlich an der Höchstpunktzahl zu kratzen wäre, aber auch wenn der Kopf raucht: Halten Sie durch!

Der gute alte Dreisatz:

$$\left(\frac{19}{16} \times 100\right) - 100 = \text{Wie viel Prozent Äpfel mehr?}$$
$$\Leftrightarrow (1{,}1875 \times 100) - 100 = \text{Wie viel Prozent Äpfel mehr?}$$
$$\Leftrightarrow 118{,}75 - 100 = \text{Wie viel Prozent Äpfel mehr?}$$
$$\Leftrightarrow 18{,}75 = \text{So viel Prozent Äpfel mehr!}$$

»Hört, hört!«, höre ich Sie ausrufen. Man kann Äpfel doch nicht mit Birnen vergleichen. Stimmt! Daher können wir gerne noch mal die Probe aufs Exempel durchführen: Sie haben 16 Birnen und bekommen drei dazu, haben also 19. Um wie viel Prozent hat sich Ihr Birnenbestand vergrößert?

$$\left(\frac{19}{16} \times 100\right) - 100 = \text{Wie viel Prozent Birnen mehr?}$$
$$\Leftrightarrow (1{,}1875 \times 100) - 100 = \text{Wie viel Prozent Birnen mehr?}$$
$$\Leftrightarrow 118{,}75 - 100 = \text{Wie viel Prozent Birnen mehr?}$$
$$\Leftrightarrow 18{,}75 = \text{So viel Prozent Birnen mehr!}$$

Wer hätte das gedacht? Die Mehrwertsteuer wurde erhöht um drei Prozent*punkte*, effektiv zahlen wir aber nun 18,75 % mehr Mehrwertsteuer als noch 2006!

Und zwar ausschließlich wir. Nämlich wir Endverbraucher. Für die Unternehmen ist die Umsatzsteuer ein sogenannter »durchlaufender Posten«. Der Hornbach bei Ihnen um die Ecke muss die zwar auch für einen neuen Hochdruckreiniger, den er beim Hersteller Kärcher kauft, bezahlen, und *Kärcher* wiederum seinem Lieferanten für die Materialien, aus denen er ihn zusammenbaut, erhält aber diese sogenannte Vorsteuer vom Finanzamt jeweils zurück – und führt im Gegenzug die mit dem Verkaufspreis eingenommene Umsatzsteuer an die vorgenannte Behörde ab. Finanziell ist dieser Vorgang damit neutral. Nur der Endverbraucher hat niemanden, an den er die Steuer weiterberechnen kann. Für uns ist sie daher ein Bestandteil des Preises. Steigt die Umsatzsteuer, steigt der Endpreis.

Aber haben Sie je gehört, dass irgendein Politiker gesagt hätte: »Wir werden die Mehrwertsteuer um 18,75 Prozent erhöhen, also um fast ein Fünftel«? Nö, dann wäre nämlich das Wahlvolk aufgestanden und ein Sturm losgebrochen: »Fast ein Fünftel? Das ist ja wohl 'n bisschen happig! Mehr als ein Viertel ist mit uns nicht zu machen!«

Wenn man uns aber schonend unter die Weste jubelt, die Mehrwertsteuer nur um mickrige drei Prozent(punkte) zu erhöhen, dann nehmen wir es gelassen. Zumal man uns ja auch versprochen hat, damit im Gegenzug die Lohnnebenkosten zu senken. Und das ist ja wiederum gut, um Deutschland für den internationalen Wettbewerb zu stärken.[74] Hat man uns auch gesagt. Dann wird das wohl auch stimmen.

Dass die Lohnnebenkosten aber nichts anderes sind als der Arbeitgeberanteil an unseren Sozialversicherungsbeiträgen, hat man uns nicht noch mal extra gesagt, sondern wohl stillschweigend gehofft, wir hätten das schon wieder vergessen. Folgende Rechnung können wir nämlich sogar ohne Dreisatz und im Kopf aufmachen: Zahlen die

74 Vgl. »Globalisierung«

Arbeitgeber weniger in die Sozialversicherungen ein, muss die Differenz ja von irgendjemand anderem gelöhnt werden. Wenn also mehr von Ihren Steuergeldern zum Ausgleich von Defiziten bei der Bundesanstalt für Arbeit und der Gesetzlichen Rentenversicherung[75] aufgewendet werden müssen, grämen Sie sich nicht – es ist für einen guten Zweck.

Fairerweise muss man hinzusetzen, dass längst nicht alle Waren für uns Endverbraucher mit neunzehn Prozent Umsatzsteuer belegt sind. Für bestimmte gilt ein erniedrigter Satz von sieben Prozent.

Da hat sich der Gesetzgeber nämlich was Schlaues ausgedacht: Privathaushalte mit geringem Einkommen geben es vornehmlich für Waren des täglichen Bedarfs aus. Wofür auch sonst? Wenn die Miete (übrigens mehrwertsteuerfrei) schon fast die Hälfte der Kohle verschlingt, kommt man nur ganz selten zum Kaviaressen. Daher gilt für Kaviar nicht der ermäßigte Mehrwertsteuersatz, für Fischstäbchen schon. Außerdem neben vielen anderen Lebensmitteln noch Zeitungen, Bücher, ärztliche Leistungen, Theaterkarten, Schwimmbadbesuche, Straßenbahnfahrten und vieles mehr, was der Mensch so zur Grundversorgung braucht. Zum Beispiel lebende Maultiere, Mägen von Hausrindern oder Sägespäne. Warum hingegen Kinderbekleidung und Windeln voll besteuert werden, obwohl man damit Eltern finanziell entlasten oder potenzielle Eltern dazu anreizen könnte, zur Tat zu schreiten,[76] weiß nur der liebe Gott. Oder die Bundesregierung. Aber die verrät es nicht.

75 Vgl. »Schuldenbremse«
76 Vgl. »Demografischer Wandel«

Die spricht nämlich eigentlich gar nicht so gerne über den ermäßigten Mehrwertsteuersatz. Etliche Branchen haben es sich auf diesem sanften Ruhekissen nämlich recht bequem gemacht. Und einmal gewährte Vergünstigungen sind nur ganz schwer ohne Krach und Streit wieder zurückzunehmen.[77]

Ganz im Gegenteil arbeiten auch bislang nicht Begünstigte eifrig daran, endlich die Fesseln des lästigen Neunzehn-Prozent-Mühlsteins abzustreifen. Der letzte große Erfolg ist in diesem Zusammenhang dem Hotelgewerbe geglückt. Dessen jahrelanges Lamento, dass die Einstufung im ermäßigten Mehrwertsteuersatz den Tourismusstandort Deutschland katapultartig nach vorne bringen würde, hat nun endlich Früchte getragen: Die Mehrwertsteuer auf Hotelübernachtungen ist mit Anbeginn des Jahres 2010 von neunzehn auf sieben Prozent gesunken.

Sind damit auch die Übernachtungspreise gesunken? Nö! Steigt die Mehrwertsteuer, steigt der Endpreis (s.o.), sinkt die Mehrwertsteuer, heißt das noch lange nicht, dass der Endpreis dies auch tut.

Privatleuten ist das ziemlich schnuppe. Für sie ändert sich einfach nichts, außer dass der Hotelier sich mehr von ihrem Geld in die Tasche steckt und weniger an den Staat abführt. Für Geschäftsreisende hingegen werden Übernachtungen damit teurer! Wie das? Ganz einfach: Geschäftsleute rechnen in Nettopreisen, da ja, wie oben am Beispiel des Hochdruckreinigers beschrieben, die Mehrwertsteuer für sie ein durchlaufender Posten ist, den man von Vater Staat

77 Vgl. »Subventionen«

zurückerstattet bekommt. Bleibt nun der Endpreis gleich, sind in ihm aber statt neunzehn nur noch sieben Prozent Mehrwertsteuer enthalten, gibt es auch nur sieben Prozent zurück. Firmenreisende werden also diese Neuregelung der Umsatzsteuer im Hotelgewerbe verfluchen, bedeutet sie für sie doch quasi eine Preiserhöhung um 11,2 Prozent.

Als kleiner Trost mag jedoch gelten, dass das Hotelfrühstück auch weiterhin mit neunzehn Prozent besteuert wird. Demnach wird es dem ursprünglichen Gedanken des Mehrwertsteuergesetzes folgend, im Gegensatz zur Übernachtung selbst, als Luxus angesehen. Die Übernachtung in der Präsidentensuite übrigens nicht – die ist nun auch zum ermäßigten Steuersatz zu haben.

Ebenfalls erfolgreich auf diesem Feld waren bereits im Jahr 2007 die Betreiber von Bergbahnen und Skiliften. Auf Betreiben einer bekannten bayerischen Volkspartei konnte durch Herabsetzung des Umsatzsteuersatzes für Skipässe der Bergbahn- und Skiliftstandort Deutschland langfristig gesichert werden.

> **»Nichts auf dieser Welt ist sicher, außer dem Tod und Steuern«**
>
> Benjamin Franklin, Blitzableiter

Da kommt der Regierung zugute, dass auch »Krankenfahrstühle und orthopädische Hilfsmittel, insbesondere Rollstühle, künstliche Gelenke, Krücken, Bandagen, Prothesen, und Herzschrittmacher« lediglich dem ermäßigten Steuersatz unterliegen. Für wirklich Bedürftige gedacht und auch sinnvoll, kommt den Gesetzesmachern ein zusätzliches Gelenk im Rückgrat beim Einknicken vor den Lobbyisten gerade recht. Und billig ist es auch.

Eine künstliche Stirnplatte bräuchte jedenfalls der Leser der zugehörigen Erläuterungen des Bundesministeriums der Finanzen zum ermäßigten Mehrwertsteuersatz, die dem Autor dieses Buches vorliegen. Nach der Lektüre dieser 140 DIN-A4-Seiten (in Worten: einhundertundvierzig), deren Veröffentlichung als »Sachbuch/Humor« ohne weitere Zusätze das Zeug zum Mega-Bestseller hätte, ist die eigene Kopfregion oberhalb der Augen jedenfalls nahezu unbrauchbar, weil weichgeklopft, so oft schlägt man die Hand vor selbige.

Ist beispielsweise Ihr Großvater von Ihnen gegangen und hat Ihnen, Gott hab ihn selig, seine in jahrelanger Klein- und Feinarbeit zusammengetragene Münzsammlung vererbt, dürfen Sie diese natürlich als Privatfrau oder -mann umsatzsteuerfrei verscherbeln. Alles klar! Verhökert ein gewerbsmäßiger Münzhändler diese nun weiter, fallen neunzehn Prozent Umsatzsteuer an. Alles klar! Es sei denn, der Nachlass besteht aus Münzen und Medaillen aus Edelmetallen, deren »Bemessungsgrundlage für die Umsätze dieser Gegenstände mehr als 250 Prozent des unter Zugrundelegung des Feingewichts berechneten Metallwerts ohne Umsatzsteuer beträgt«. Alles klar?

Ein weiteres Beispiel gefällig? »Blattwerk, Blätter, Zweige und andere Pflanzenteile, ohne Blüten und Blütenknospen, sowie Gräser, Moose und Flechten, zu Binde- oder Zierzwecken, frisch« genießen ebenfalls Ermäßigungsstatus. Will heißen: Ist Ihnen der frisch verstorbene Erblasser Ihrer neuen Münzsammlung einen Grabkranz aus ebenso frischem Tannengrün wert, ist das vielleicht etwas teurer, sie werden aber nur mit sieben Prozent Umsatzsteuer zur

Kasse gebeten. Die »Verwendung von Zutaten aus anderen Stoffen ist unschädlich, sofern die Sträuße, Kränze usw. nach ihrem wesentlichen Charakter als frische Erzeugnisse des Blumenhandels anzusehen sind.« Aha – gestalten Sie die Kranzschleife also nicht zu aufwendig. Damit stünden Sie nicht nur vor der übrigen Trauergemeinde als aufschneiderischer Prahlhans da, Sie könnten darüber hinaus noch das Finanzamt auf den Plan rufen.

Richtig unübersichtlich wird es erst, wenn der von uns Gegangene nicht nur Numismatiker, sondern auch Modelleisenbahnfreund war. Das von diesem Hobby frönenden Zeitgenossen beliebte Islandmoos, gern verwendet zur Begrünung der Modelllandschaft, unterliegt nämlich dem ermäßigten Steuersatz. Jedoch nur in ebenfalls frischem Zustand und nur als »echtes« Islandmoos (Cladonia rangiferina, Cladonia silvatica oder Cladonia alpestris). Isländisches Moos (Cetraria islandica), man achte auf die verbale Feinheit, ist ausdrücklich ausgeschlossen. Und, darauf weist das Bundesfinanzministerium in seinen weiteren Erläuterungen ausdrücklich hin, »Trockenmoos wird durch Anfeuchten nicht wieder zu frischem Moos«. Schön, wenn an alles gedacht ist!

Sonst hätte als Nächstes nämlich geregelt werden müssen, ob das Anfeuchten mit normalem Leitungswasser ebenso zu bewerten ist wie das mit Mineralwasser. Und wenn Mineralwasser, ob es einen Unterschied macht, ob es aus der Glas- oder Plastikpulle kommt? Vom Tetra Pak ganz zu schweigen.

Denn: »Trinkwasser, ... das in zur Abgabe an den Verbraucher bestimmten Fertigpackungen in den Verkehr gebracht wird«, wird durch den niedrigeren Steuersatz von sieben Prozent begünstigt.

Was mit »bestimmten Fertigpackungen« gemeint ist, welcher Größe, welchem Gewicht, welcher Farbe diese entsprechen müssen und ob das auch für bei Vollmond jenseits von Emden geklöppelte Blechkanister, lackiert oder unlackiert, mit Gummipropfen oder Schraubverschluss gilt, wird in den Erläuterungen zur Erläuterung der Erläuterung erläutert.

Watussirinder, Haus- und Wasserbüffel gibt es übrigens ebenfalls ermäßigt, Moschusochsen und Bisons nicht. Ist also geplant, der Oma, damit sie in Zukunft nicht so alleine ist, ein Haustier zu schenken: Augen auf beim Watussirindkauf!

Das Wandern ist des Arbeitsplatzes Lust:

Globalisierung

Es gab tatsächlich mal Zeiten, da war das mit der Globalisierung alles fürchterlich kompliziert. Da musste man sich auf eine beschwerliche Schiffreise machen, um irgendwo am anderen Ende der Welt die Leute zu knechten, zu versklaven und auszubeuten. Das haben wir heute zum Glück nicht mehr nötig. Viele kommen ja schon von alleine. Manche kommen mit abgerissenen Klamotten am Leib und barfüßig, die wollen Asyl und was zu essen. Andere manche kommen im feinen Zwirn und handgenähten Schuhen, die wollen dann technisches Know-how und Waffen. So ist alles in Bewegung.

Und Wandern ist in! Ob Vandalen, Hunnen, Goten oder Hape Kerkeling, jeder war schon mal auf Wanderschaft. Früher sind die Völker gewandert, dann die Arbeiter, heute Wandern TV-Komiker und Arbeitsplätze. Der rührige Entertainer aus Recklinghausen gerne mal *im* Ausland, der Arbeitsplatz *ins* Ausland. Deutschland bewegt sich! Und während Kerkeling zwar mal weg war, aber nun wieder da ist, bleibt der Arbeitsplatz in der Regel weg, wenn er einmal weg ist. Der stellt nämlich fest, dass es ihm im Ausland viel besser gefällt als im überregulierten und sozial kalten Deutschland, wo man ihm das Leben mit Arbeitsschutzrichtlinien,

Urlaubsgeld, 36,5-Stunden-Woche, Kündigungsschutz oder Lohnfortzahlung im Krankheitsfall schwer macht. In China, der Türkei, Bangladesch oder Indonesien gibt es diesen ganzen Mumpitz nämlich nicht. Da sagt sich beispielsweise der Chinese: »Wirtschafsliberalisierung, Marktöffnung, alles schön und gut. Aber Meinungsfreiheit, Pluralismus, Arbeitnehmerrechte? Wir müssen ja schließlich nicht bei jedem Dreck mitmachen. Und wenn es ihn gibt, den Mumpitz, kontrolliert niemand dessen Einhaltung. Und außerdem ist das Wetter da besser. Ein Standortvorteil, der unser griesgrämiges Sozialsystem hoffnungslos ins Hintertreffen geraten lässt. Ein Hoch auf die Globalisierung!

> **»Was die Weltwirtschaft angeht, so ist sie verflochten«**
> Kurt Tucholsky, Peter Panter & Theobald Tiger

Daher macht es unter Kostengesichtspunkten beispielsweise durchaus Sinn, unsere guten, deutschen Nordseekrabben nach Marokko zu verschiffen, sie dort von zarten Frauenhänden liebevoll ihres Chitinkleides entledigen zu lassen und schließlich wieder zurück nach Deutschland zu schippern. Ansonsten könnten sich nämlich die Menschen, die bis zu ihrer betriebsbedingten Kündigung in Deutschland der Krabbenpulerei professionell nachgegangen sind, heute von Hartz IV die maritimen Leckereien gar nicht leisten! Gut, können sie so auch nicht, aber das liegt ja weder an Hartz IV, ALG II oder Ludwig XIV noch am Krabbenpreis, sondern an den Lohnnebenkosten. Die sind in Deutschland nämlich an allem schuld.

Während andernorts auf unserem schönen Globus Begriffe wie Tarifurlaub, Mutterschutz oder Weihnachtsgeld Fremdworte sind, kostet der deutsche Arbeiter den Unternehmer vor allem in der Zeit ein Heidengeld, in der er *nicht* arbeitet. Und das ist quasi immer. Nach zehn Jahren Schule, heute sind sogar zwölf bzw. dreizehn Standard, wenn man nicht bei der Bewerbung um einen Ausbildungsplatz als Schwimmwart, Meerschaumgraveur, Mehlwurmzüchter, Schlammteichwärter oder Wasserflohfänger schon in der Frühphase des Bewerbungsvorgangs wegen fehlenden Abiturs aussortiert werden will, geht die Faulenzerei erst richtig los. Zwei Tage wöchentliche Absenz durch den Besuch der Berufsschule werden abgerundet durch Anspruch auf 25, 28, 30 Tage Tarifurlaub. Dazu arbeitsfreie Feiertage wie Ostern, Pfingsten oder Weihnachten, bei denen der Löwenanteil der deutschen Azubis im Rahmen einer Straßenumfrage sowieso nicht mehr Herkunft und Sinn des jeweiligen Festes erklären könnte. Dazu im weiteren Verlauf des Berufslebens Sonderurlaub bei Beerdigung, krankem Kind, Heirat, Geburt oder Weiterbildung. Im Prinzip ist Ihr Arbeitgeber doch schon froh, wenn Sie zwischendurch mal reinschauen.

»Mailand oder Madrid – Hauptsache Italien«
Andreas Möller, Hobbygeograph

Und während hierzulande die Erlangung einer offiziellen Arbeitsunfähigkeitsbescheinigung, in Fachkreisen auch »Gelber Urlaubsschein« genannt, ohne Probleme vonstattengeht, hat ein elfjähriger Pakistani schon größere Schwierigkeiten, von seinen Eltern mal eine Entschuldigung geschrieben zu kriegen, damit er mal einen Tag nicht in die Fabrik muss.

Als weiterer Standortnachteil Deutschlands auf der globalisierten Welt sind die Kosten für Arbeitsunfälle zu nennen. Während hierzulande nicht selten Produktionsausfälle durch eine vierwöchige Rekonvaleszenz des Verunfallten zu beklagen sind, sind sie in Asien sofort tödlich.

Dort kommt es beispielsweise bei der Herstellung von Kinderspielzeug immer wieder zu bedauerlichen Arbeitsunfällen, weil die vor Ort eingesetzten Fachkräfte aus Versehen kleine Plastikteile verschlucken, weil sie den aufgedruckten Warnhinweis nicht lesen können.

Aber auch hier schläft die Konkurrenz in Asien selbstverständlich nicht. Gerüchteweise ist zu vernehmen, dass die dortigen arbeitsrechtlichen Bestimmungen dahingehend verschärft werden sollen, dass die Fabrikarbeiter aus der Teppichherstellung zukünftig erst nach Vollendung des neunten Lebensjahrs in die Spielzeugbranche wechseln dürfen.

Von Globalisierung spricht man also, wenn in Deutschland die Kinder vor der Glotze verfetten, während sich pakistanische Kinder gerne bewegen würden – wenn sie nicht an den Webstuhl gekettet wären.

Lieber reich und gesund als arm und krank:

Gesundheitsreform

Sagt Ihnen der Begriff *Kontrahierungszwang* etwas? *Konvergenzklausel*? Aber *Praxisgebühr* doch, oder? Na, darauf lässt sich doch aufbauen. Die Praxisgebühr wurde 2004 im Rahmen eines der unzähligen Gesundheitsreförmchen eingeführt, um den notorisch schwindsüchtigen Krankenkassen unter die Arme zu greifen, und ist jeweils beim ersten Arztbesuch im Quartal zu entrichten. Quasi eine Art umgekehrtes Begrüßungsgeld.

Bei ihrer Einführung noch mit großem Murren begleitet, ist es bereits nach wenigen Jahren zur Selbstverständlichkeit geworden, schon vor der Begrüßung durch die Sprechstundenhelferin zur Ader gelassen zu werden.

Und so wie Kinder heute ganz natürlich vorher nach einem AIDS-Test fragen, bevor sie *Vater Mutter Kind* spielen, nehmen geschäftstüchtige Dreikäsehochs bei Doktorspielen jetzt eben einen Lutscher als Praxisgebühr.

Und weil die letzte, die vorletzte und die vorvorletzte Gesundheitsreform so erfolgreich war, will jede Bundesregierung mal. Man muss eine Gesundheitsreform auf den Weg gebracht haben, sonst ist man keine Bundesregierung. So wie ein Mann einen Baum gepflanzt, ein Haus gebaut und einen Sohn gezeugt haben oder der Muselmann mindestens einmal im Leben nach Mekka gepilgert sein muss. Ohne geht nicht.

Nach wochen-, monate-, jahrelangen Debatten, oft und gerne auch in nächtlichen Verhandlungsmarathons, treten dann übernächtigte Politiker vor die Kameras übernächtigter Journalisten und formulieren Statements, die sich so anhören, wie sich die Beipackzettel der Medikamente lesen, die ab sofort teurer werden. *Kontrahierungszwang* oder *Regelversorgung* sowie *Konvergenzklausel* und *Morbiditätsbezogener Risikostrukturausgleich* sind dabei noch die harmlosesten Beispiele dieses babylonischen Wirrwarrs, das zunächst mal sicherstellen soll, dass Otto Normalpatient nicht merkt, dass es wieder reichlich bittere Pillen zu schlucken gibt.

> **»Was nützt einem Gesundheit, wenn man ansonsten ein Idiot ist?«**
> Theodor W. Adorno, Frankfurter

Gemäß dem *Kontrahierungszwang* müssen Gesetzliche Krankenkassen jeden aufnehmen, der bei ihnen auf der Matte steht und Einlass begehrt. Dafür dürfen sie nun sogenannte *Wahltarife* anbieten, das heißt jedem Versicherten sein ganz individuelles, nur auf ihn zugeschnittenes, persönliches, spezifisches Versicherungspaket schnüren. Wer beispielsweise einen Wagen mit Automatikgetriebe fährt, benötigt seinen linken Fuß zum Kuppeln ja nicht und bräuchte den dann gar nicht mitzuversichern. Hat man Geld gespart. Die Durchschaubarkeit dieses Puzzlespiels für den Normalsterblichen dürfte sich daher zukünftig an den Tarifstrukturen der Mobilfunkanbieter sowie der Deutschen Bahn orientieren.

Die *Konvergenzklausel* ist so eine Art Solidaritätszuschlag für Ärzte in Bayern. Allerdings nicht, weil die dort besonders bedürftig wären, sondern im Gegenteil, weil die dort schon immer mehr verdient haben. Daher hat die Bayerische Staatsregierung gesagt: »Gesundheitsfonds? Finden wir klasse mit dieser Vereinheitlichung und so – aber bitte doch nicht, wenn wir dafür auf was verzichten müssen!« – und ihre Zustimmung zur Reform vom Solidaritätszuschlag abhängig gemacht. Hat geklappt!

Und nur Naivlinge verstehen unter der uns vor allem aus dem zahnmedizinischen Bereich bekannten Vokabel *Regelversorgung* eine medizinisch »ausreichende, zweckmäßige und wirtschaftliche Lösung«, zum Beispiel beim Zahnersatz. Also statt teurer Brücken, Prothesen oder Implantate als Kassenlösung nur noch das Draculagebiss aus dem Kaugummiautomaten! Au Backe!

Regelversorgung bedeutet jedoch tatsächlich, dass wirmit Gründung des Gesundheitsfonds mit noch mehr und noch schwerer zu durchschauenden Regeln versorgt werden. Hier ist von Anfang an der Wurm drin. Der Bandwurm sozusagen.

An diesen Fonds leiten nämlich die Krankenkassen jetzt unsere Beiträge zunächst weiter und bekommen sie dann nach komplizierten Berechnungen, Schlüsseln und Regeln wieder zurück. Um sie dann, nicht wie früher direkt, an die Apotheken, die Schwarzwaldklinik, Dr. Sommerfeld, den Bergdoktor, Dr. Stefan Frank und den Landarzt auszuschütten. Durch eine zusätzliche Verwaltungsstelle und Bürokratieebene soll also alles transparenter, gerechter und vor allem billiger werden. Welche Medikamente derart vom geistigen Siechtum befallene Politiker genommen haben müssen, um derlei Irrsinn zu verabschieden, ist bislang noch nicht bekannt. Jedenfalls drängt sich der Verdacht auf, dass die Lobbyisten der Pharmaindustrie unsere Volksvertreter, die eigentlich selbst einen dringenden Aufenthalt in der Geschlossenen auf Rezept nötig hätten, durch Zuwendungen in Naturalien gefügig machen. Oder besser gesagt Chemikalien. Denn ohne die fortgesetzte Einnahme von bewusstseinsverengenden Drogen sind derart kranke Reformversuche gar nicht zu erklären. Oder vielleicht doch: Die jüngste Gesundheitsreform trat am 01.04.2007 in Kraft. April, April?

Aufhorchen lassen müsste uns ebenfalls der Umstand, dass Ärzte, die einen Patienten von oben bis unten auf den Kopf gestellt, aber nichts gefunden haben, gerne formulieren: »Befund negativ«. Negativ für deren Geldbeutel. Statt diesen Euphemismus zu bemühen, könnten sie auch gleich in die Krankenakte schreiben: »Scheiße, gibt nix zu verdienen!«

Wegen jeder kleinen Kleinigkeit braucht man heute sowieso nicht mehr gleich in die Praxis zu gehen. Obwohl der Spaziergang an der frischen Luft sicherlich so oder so guttäte. Bei Bagatellkrankheiten hat sich der Kranke nämlich ohnehin längst selbst zu medikamentieren. Und das tut er gerade bei Erkältungskrankheiten reichlich. Sehr zur Freude der Apotheken und Pharmariesen. Ein ordinärer Schnupfen ist nämlich bis heute nicht heilbar. Angeblich. Wahrscheinlicher ist jedoch, dass das Geheimrezept bei den Pharmakonzernen als streng geheime Verschlusssache im Tresor liegt, weil man sich das Geschäft mit Nasensprays und Vitaminpillen nicht selbst torpedieren will. Als wenn die ein Interesse daran hätten, dass wir morgen alle gesund sind wie die Fische im Wasser. Genauso könnte man auch den biblischen Kaiser Herodes zum Ehrenmitglied im Kinderschutzbund ernennen.

Beim Schnupfen gilt die Faustregel: Drei Tage kommt er, drei Tage bleibt er, drei Tage geht er. Und da braucht man auch nicht von Pontius nach Pilatus zu rennen, das kann einem die eigene Oma sagen.

Könnte der Apotheker natürlich auch, aber dann würde er keine Pillen, Pülverchen und Sprays verkaufen. Die beste Medizin bei Schnupfen ist bis heute das Taschentuch! Und da braucht man nicht einmal den Arzt oder Apotheker zu Risiken und Nebenwirkungen zu befragen.

Findige Zeitgenossen sparen sich den Gang zur Apotheke bereits ganz und nehmen ihre Medikamente gleich durchs Schweinefleisch auf. Beim ersten Kratzen im Hals: Zwei Koteletts in die Pfanne, dann können die Viren kommen. Abends vor dem Zubettgehen wird die Brust tüchtig eingerieben. Aber nicht mit WICK VapoRub, sondern mit Leberwurst. Man muss sich nur zu helfen wissen.

Darüber hinaus werden heutzutage ganz normale Vorgänge, die zum Leben dazugehören, medizinisch therapiert. Gegen Stress im Beruf, Midlife Crisis, Alterung, Menopausenbeschwerden oder schlechtes Einschlafen gibt es Pillen. Statt zu schauen, ob der Berufsstress mit terminlicher Überbelastung oder die Einschlafschwierigkeiten mit der bis tief in die Nacht gut besuchten Disco auf der gegenüberliegenden Straßenseite zu tun haben.

Und Abhilfe bei Midlife Crisis und Potenzschwäche

schafft unter Umständen schon die Anschaffung eines flotten Sportcabriolets.

Eine beliebte und zugegebenermaßen nicht ungeschickte Form des »Patientenmachens« ist die Herabsetzung von Grenzwerten. Und schon haben wir eine neue Volkskrankheit. Wer heute noch als gesund gilt und sich seines Lebens freut, kann morgen schon Bluthochdruck, Osteoporose oder einen zu hohen Cholesterinspiegel haben. Und schon hat die Pharmaindustrie ein Mittelchen dagegen.

Je nachdem, wo man den Grenzwert setzt, haben Sie Bluthochdruck oder ich oder alle oder keiner. Die Diagnose ist eine der häufigsten Krankheiten.[78]

Damit soll selbstverständlich nicht in Abrede gestellt werden, dass es durchaus wichtige Medikamente gibt, die Beschwerden lindern und Krankheiten heilen! Allerdings ist deren Beipackzettel häufig schon wieder eine Krankheit für sich.

Komplett ausgefaltet nicht selten anderthalb Meter lang und doppelseitig in Schriftgröße »1« bedruckt, sodass man sich reflexartig sofort wieder anziehen und zum Augenarzt rennen möchte, weil man fürchtet, quasi über Nacht einen Gutteil seines Augenlichtes eingebüßt zu haben. Was man dann unter Zuhilfenahme von Brille, Lupe oder besser noch Elektronenrastermikroskop entziffert, lässt einem den kalten Schweiß ausbrechen, sodass man sich am liebsten sofort wieder anziehen und zum Hausarzt rennen möchte, weil

78 Das wusste schon Karl Kraus. Woher kannte der die Deutsche Hochdruckliga? Die wurde erst 1974 gegründet, da war der österreichische Satiriker schon seit 38 Jahren unter der Erde – und nicht wegen Bluthochdruck.

man fürchtet, sich was eingefangen zu haben. Geschickt eingefädelt von denen. So generiert man das Folgegeschäft.

Am besten gar nicht erst lesen! Was ich nicht weiß, macht mich nicht heiß – und vor allem nicht panisch. Man lebt vielleicht nicht länger, aber man stirbt doch wesentlich gesünder.

Die Förderung präventiver Ansätze zur Verhinderung krankheitsbedingter Kosten spielte bei bisherigen Gesundheitsreformen übrigens nur eine geringe bis gar keine Rolle. Aufklärung über die gesundheitsfördernde und lebensverlängernde Wirkung von Sport zum Beispiel – und damit ist nicht Ritter Sport auf Rezept gemeint!

Von Gesundheitsprävention hat nämlich niemand etwas – nur die Patienten, aber man kann sich nicht um alles kümmern.

Eine Ernährungs- und Bewegungsreform hätte allerdings auch gravierende Nachteile. Die Ärzte könnten nichts aufschreiben, der Apotheker und die Pharmaindustrie nichts verkaufen, die Krankenkassen nichts abrechnen. Und da die Einsparungen im Gesundheitswesen erst Jahre später spürbar würden, kann sich letztlich auch eine Bundesregierung nicht dafür erwärmen. Schließlich will man die nächste Wahl gewinnen und nicht erst die in zehn Jahren.

Es gibt übrigens Menschen, die gehen selten bis nie zum Arzt. Vielleicht, weil sie weniger krank sind. Vielleicht sind sie aber auch weniger krank, weil sie seltener zum Arzt gehen – oder sie haben eine Arztphobie, die eigentlich dringend therapiert gehörte.

Drei, zwei, eins … deins!

Privatisierung

Politiker schwören, gerne und vor allem im Wahlkampf, dass sie »näher an den Menschen« sein und »mehr für die Menschen tun« wollen. Was den Schluss nahelegt, dass sie sich selbst nicht der vorgenannten Spezies zurechnen. Äußerst menschliches, nur allzu menschliches Verhalten offenbaren sie jedoch, wenn es darum geht, kleine Haushaltslücken auszugleichen. Man guckt mal so in der Bude rum, ob man nicht noch irgendwo eine alte Vase oder sonstigen Müll herumstehen hat, den man auf dem Flohmarkt versilbern könnte. Für uns »Menschen« heißt der Flohmarkt heute *eBay*, für Politiker *Börse*.

Laut Eigenwerbung auf deren Internetseite wird bei *eBay* alle zehn Minuten eine Schrankwand verkauft, alle zwei Minuten ein Notebook, alle zwei Sekunden ein Kleidungsstück. Bei der Schrankwand lässt sich noch vermuten, es ist immer dieselbe, die da 52.560 mal im Jahr im ewigen *eBay*-Nirwana von Auktionsgewinner zu Auktionsgewinner weitergereicht wird, weil dem jeweiligen Bieter im Augenblick des Zuschlages bewusst geworden ist, was er da gerade für einen überflüssigen Tand ersteigert hat. Bei dem Bekleidungsstück ist das eher unwahrscheinlich. So schnell wächst nicht mal ein den anabolen Steroiden im reichlichen

Übermaß zusprechender Bodybuilder aus den Klamotten raus.

Eine Regierung in Geldnöten – und wann wäre das eine Regierung einmal nicht? – geht halt auch mal gerne in den Keller und guckt, ob da nicht noch irgendwas zum Verhökern herumliegt. Eine Post, eine Bahn, eine Lufthansa, eine Tank & Rast, eine Muh, eine Mäh – was man halt so im Hause hat, nur Platz wegnimmt und an der Börse zu Geld gemacht werden kann. Denn natürlich steht der Finanzminister nicht wie Schlemihl aus der Sesamstraße mit Schlapphut und hochgeschlagenem Mantelkragen vor seinem Ministerium in der Berliner Wilhelmstraße und spricht harmlose Passanten, vorzugsweise mit stark orangefarbenem Teint, knallroter Nase und äußerst kehligem Lachen, an. »He, Du!« – »Wer? Ich?« – »Psssssssssssssssssssssssss sst!« – »Wer? Ich?« – »Genaaaaau! Willst du vielleicht die Telekom kaufen?« – »Wer? Ich? Die Telekom kaufen?« – »Psssss sssssssssssssssssssssst!« – »Wer? Ich? Die Telekom kaufen?« – »Genaaaaau!«

Nein, wenn die Ministerkollegen und -kolleginnen dem Graf Zahl der Bundesregierung mit ihren Budgetwünschen mal wieder die Haare vom Kopp fressen wie das legendäre Krümelmonster (»Kekse!!!«), wird gern mal ein bundeseigener Betrieb in eine Aktiengesellschaft umgewandelt oder, wenn bereits geschehen, diese an der Börse gegen Bares eingetauscht. Das heißt, nicht ganz. Der Finanzminister hat nämlich sozusagen keinen eigenen *eBay*-Account.

Und während Sie ohne direkten Zugang zum Flohmarkt des 21. Jahrhunderts einen Freund oder eine Freundin bitten, Ihre Vase doch mal für Sie »reinzusetzen«, gibt der

Finanzminister das gute Stück der bundeseigenen *KfW Bankengruppe*, die zahlt in bar und stellt das Kleinod der Keramikkunst dann bei sich ins Regal, um darauf zu warten, dass der Zeitpunkt für den Verkauf von Vasen günstig ist, um sie endgültig weiterzuverscherbeln.

Telekom, *Gelbe Post*, *Lufthansa*, *Tank & Rast*. Was brauchen Sie? Letztgenannte sind übrigens die mit diesen *Sanifair*-Klos auf Autobahnraststätten. Da, wo man für 50 Cent eine Eintrittskarte lösen und sich dafür am Pissoir dann Werbung für Kamine angucken muss. Ein gut gewählter Ort. Wer hat schließlich nicht schon mal auf der Fahrt von Heidelberg nach Braunschweig bei einer Pinkelpause im Großraum Kassel beim Entleeren der Blase gedacht: »Ach, ich könnte mich doch eigentlich gleich hier mal über Wohnzimmerkamine informieren«?

Tank & Rast gehört übrigens mittlerweile zur Hälfte der *Deutschen Bank*. Nun wissen wir auch, wie Vorstandschef Ackermann sein hehres Ziel von fünfundzwanzig Prozent Eigenkapitalrendite verwirklichen will: Geschissen wird schließlich immer.

Den Anfang der Börsengänge jüngeren Datums machte 1996 die *Deutsche Telekom*. Bundeskanzler war damals ein gewisser Helmut Kohl.[79] Der hatte, nachdem er sich bei den Kosten der Wiedervereinigung um ein paar Mark verrechnet hatte, die vielleicht super Idee, gleich mehrere Fliegen mit einer Klappe zu schlagen und dachte womöglich: Wir privatisieren die Bundespost! Da kriegen wir einerseits

79 Das war der, der so ein bisschen aussah wie Samson (»Uiuiuiuiui!«) aus der Sesamstraße und wie dieser auch selten ein Fettnäpfchen ausgelassen hat.

Geld rein, andererseits sparen wir das Postministerium. Der Schwarz-Schilling geht mir sowieso auf den Sack![80] Die Restabwicklung hat ja dann der Bötsch gemacht.[81]

Dann forderte uns der damals als Fernsehkommissar und Anwalt der kleinen Leute sehr populäre Sich-selbst-Darsteller Manfred Krug auf: »Die Telekomiker gehen an die Börse. Gehen Sie mit!« Und weil der nette Herr Krug das gesagt hat, hat sich damals Otto Normalanleger um die T-Aktie geprügelt. Gut, der Ausgabekurs lag mit 28 Mark 50 ja auch deutlich unter den Gebühren für ein viertelstündiges Ortsgespräch am Nachmittag.

Man mag es nicht glauben, dass das gerade mal ein gutes Jahrzehnt zurückliegt, dass von CityFlat, CountryFlat, Aktiv Plus, Preselection, Callthrough oder Call by call noch nicht im Entferntesten die Rede war. Damals gab es die Tarife *Ortsgespräch*, *Ferngespräch* und *Mondscheintarif* – und den entsprechenden Ärger mit der Großmutter, wenn

80 Christian Schwarz-Schilling, seit Anbeginn der Kanzlerära Kohl *Bundesminister für das Post- und Fernmeldewesen* (später *Bundesminister für Post und Telekommunikation*), ist 1992 im Unfrieden mit Kohl wegen der deutschen Haltung im Bosnien-Konflikt aus dem Amte geschieden.

81 Dr. Wolfgang Bötsch, MdB 1976-2005, Bundesminister für Post und Telekommunikation 1993-1997, ließ sein berufliches Schaffen anschließend als Berater von Leo Kirch ausklingen. Man kennt sich, man mag sich. Bötsch war vorher Mitglied des ZDF-Fernsehrates, das ZDF wiederum Kunde bei Kirch. Bötsch war als Minister für die Vergabe von Sendelizenzen zuständig, Kirch hat derlei nachgefragt. Oder wie würde Franz Beckenbauer singen? »Gute Freunde kann niemand trennen...« Bötsch saß im Spendenuntersuchungsausschuss, Leo Kirch war dort Zeuge. Warum ist eigentlich noch keiner auf die Idee gekommen, Uli Hoeneß die Spiele vom FC Bayern pfeifen zu lassen?

man – um sich zu erkundigen, wie es denn so geht – unter Ausnutzung des Mondscheintarifs nachts zwischen zwei und vier Uhr angerufen hat. Obwohl sie sonst stets aufs strengste gemahnt hat, man solle auf die Preise achten und sein Geld zusammenhalten.

Vorbei, Vergangenheit, passé. Heute können Sie aus Hunderten und Aberhunderten von Tarifmodellen das für Sie ganz genau und nur Sie allein und persönlich am besten passende aussuchen – wenn Sie genau wissen, was für Sie am besten passt. Also ob Sie mit der Cityflat schon bestens bedient sind oder doch lieber die Regio-Option inklusive Preselect Weekend und 500 Freiminuten an ungeraden Regentagen zwischen Vollmond und Totensonntag dazubuchen wollen.

Auch die Übersicht über die sogenannten Endgeräte trug ihren Namen noch zu Recht, gestaltete sie sich doch recht übersichtlich. Im Angebot war graues Telefon mit Wählscheibe. Punkt. In den Siebzigerjahren gab es dann die erste, kleine Revolution auf dem damals noch nicht so genannten Telekommunikationsmarkt: Das gleiche Modell namens FeTAp 611[82], zwar immer noch mit Wählscheibe, aber neben Kieselgrau nun auch in Ockergelb, Farngrün, Lachsrot und Hellrotorange. Letztgenanntes war jedoch für meine bereits erwähnte Oma schon das reinste Teufelswerk – weil ihr Brokatüberzug dazu nicht passte.

Heute stehen beim Saturn 50 verschiedene Modelle im Regal. Ausgestattet mit einem Adressbuch mit bis zu zehn Milliarden Einträgen (die Weltbevölkerung wächst schließ-

82 Fernsprechtischapparat 611 – so hieß der wirklich, der Apparat.

lich stetig!), mit oder ohne ECO DECT (was immer das auch sein mag), USB-Anschluss und Bluetooth-Schnittstelle (zum kinderleichten Synchronisieren der individuellen Daten mit Ihrem Bügeleisen, der Kaffeemaschine und dem Bodenstaubsauger) sowie zahlreiche weitere Einstellungsmöglichkeiten. Zum Beispiel, ob es noch ganz altmodisch am Telefon oder einfach schon direkt bei Ihnen im Kopp klingeln soll, wenn einer anruft. Die Farben heißen nicht mehr kieselgrau, ockergelb, farngrün, lachsrot und hellrotorange, sondern candy-pink, iron-grey oder midnight-blue. Und du hast nur eine Sicherheit: Egal, welches du kaufst, in drei Wochen ist es steinzeitmäßig veraltet.

Zusammenfassend kann man jedoch feststellen, dass der Börsengang der Telekom ein voller Erfolg war – zumindest für Manfred Krug und Jan Ullrich. Beide ja mittlerweile in Rente. Telekom, die machen das.

Und für den Finanzminister natürlich. Für die Kleinanleger fällt die Betrachtung etwas anders aus. Aber wie immer im Leben ist Enttäuschung eine Frage der Erwartungshaltung. Wie oft guckt man in den Schlafzimmerschrank, entdeckt ein Kleidungsstück, das vor Urzeiten gekauft, selten bis nie getragen wurde, mittlerweile völlig unmodern ist, und fragt sich: »Mein Gott, wofür hab ich *das* denn mal gekauft?« Dieses Gefühl kennen insbesondere Telekom-Aktionäre ebenfalls bestens, wenn sie heute in ihr Aktiendepot gucken.

Nach dem vollen Erfolg mit der »ersten wahren Volksaktie« stand der Veräußerung der Gelben Post im Jahr 2000 nichts mehr im Wege. Schon gar nicht Hans Eichel. Der war nämlich damals Finanzminister und brauchte Geld, um wenigstens mal so zwischendurch einen einigermaßen verfassungskonformen Haushalt einzustreuen. Im Westen nichts Neues, im Osten schon gar nicht. Also ran an den Speck. Besser gesagt: an das Tafelsilber.

Das musste vorher allerdings noch ein bisschen aufpoliert werden. Die Post hatte nämlich wegen ihrer grauen Amtstuben ein etwas miefiges Image. Einzige Farbtupfer waren die aus den Siebzigern übriggebliebenen Fahndungsplakate mit RAF-Terroristen, auf denen das eine oder andere Portrait durchgekreuzt war.

Wie ein träger Beamtenapparat mit noch trägeren Schalterbeamten, die in ihren Jörg-Wontorra-Pullovern hinter Panzerglas gesessen und darauf aufgepasst haben, dass das Briefmarken-Befeuchtungsschwämmchen nicht austrocknet, von heute auf morgen zu einem modernen Dienstleistungsunternehmen umgebaut werden könnte, wusste Eichel auch schon. Nämlich gar nicht.

Der Schalterbeamte früherer Tage brauchte genau zwei Sätze, um seinen beruflichen Alltag bis zur Frühpensionierung wegen Burn-out-Syndrom durchzustehen: 1. »Den Einschreibebeleg müssen Sie noch mal neu ausfüllen!« und 2. »Das geht aber nicht mehr als Päckchen durch!«

Wie hätten denn die alten Muffelköppe, die seit Jahrzehnten nix anderes gewöhnt waren, als Briefe, die in riesigen Lettern mit Warnhinweisen à la »Wichtige Dokumente, bitte nicht knicken« beschriftet waren, dann doch ziemlich straff zu falten und mit strenger Handkante glattzuziehen, von Stund an plötzlich aufmerksame und kundenorientierte Servicemitarbeiter werden sollen? Natürlich gar nicht.

Aber auch da wusste Hänschen Klein Eichel guten Rat, der ihm mit ein paar Milliönchen Honorar für den Auserwählten nicht mal teuer schien: Schließlich war Kanzler Schröder, als er noch nicht Kanzler war, zu Gast bei »Wetten, dass ..?«. Man kennt sich, man schätzt sich. Also hat Goldlöckchen-Tommy seinem Kumpel Gerd versprochen, dass er, wenn er sich zwischen seinen Verpflichtungen für Haribo und McDonald's zwischendurch mal freimachen kann, auch für die Gelbe Post sein Grinsegesicht in die Kamera hält. Passenderweise hat der große Blonde mit den geschmacklosen Schuhen (allerdings passend zu seinen sonstigen Klamotten und damit wieder konsequent) auch gleich in Person seines Bruders eine Art deutsche Ausgabe von Gérard Depardieu mitgeliefert.

Als genialer Schachzug auf dem Wege zur Kundenorientierung muss bezeichnet werden, dass das Panzerglas aus den Postfilialen verbannt wurde. Während man früher zu seligen Bundespostzeiten eine Dreiviertelstunde wegen einer Briefmarke angestanden hat – und, kurz bevor man an der Reihe war, der Beamte einem das *Schalter-geschlossen*-Schildchen vor die Nase gesetzt hat, um sein Butterbrot auszupacken, hat nunmehr ein Umdenken beim vor Ort eingesetzten Schalterpersonal stattgefunden. Denn in Ermangelung des Panzerglases würde es heute nicht mehr allzu lange dauern, bis der erste unzufriedene Kunde eine Faustfeuerwaffe zieht und dem Schalterbediensteten eine neue Körperöffnung dahin macht, wo er sich seine Käsestulle bestimmt nicht hinschieben wollte. Kein Panzerglas = freundliche Servicemitarbeiter. Geht doch!

Heute sollen auf der Post sogar zwei, drei, sogar bis zu

vier Schalter gleichzeitig geöffnet haben. Man braucht keinen halben Tag Urlaub mehr zu nehmen, wenn man einen Brief aufgeben will, und wird lächelnd gefragt: »Was kann ich für Sie tun? Standardbrief, Maxibrief oder Kompaktbrief? Weltbrief oder Europabrief? Luftbeförderung oder Landbeförderung?« Gut, man ist vielleicht selber schneller hingeschwommen – aber freundlich sind die inzwischen in der Postfiliale.

Dafür gibt es immer weniger davon. Der Kostendruck eines gewinnorientierten Unternehmens fordert seinen Preis, und da die von der *Bundesnetzagentur* genehmigt werden müssen, müssen statt Preiserhöhungen andere Mittel und Wege zur Erreichung der Renditeziele gefunden werden. Daher können wir stattdessen nun im Schreibwarengeschäft oder im Sonnenstudio auch Briefmarken kaufen und Päckchen aufgeben. Und demnächst wahrscheinlich an der Döner-Bude, bei Deichmann und der Wursttheke im Supermarkt. »Ein Viertelpfund Gehacktes, fünf Scheiben Schwartenmagen und vier 55-Cent-Briefmarken, bitte!« – »Darf es etwas mehr sein?«

»Kaufe nie unnütze Sachen, weil sie billig sind«
Thomas Jefferson, Universalgelehrter

Wo werden wir also nach der angestrebten und vorerst – aufgrund des durch die Finanzkrise ungünstigen Börsengangklimas – zurückgestellten Privatisierung der *Deutsche Bahn AG* unsere Fahrkarten kaufen müssen? Wahrscheinlich auf der Post.

Spätestens 2014 soll dann aber laut Bahnchef Grube *Der große Eisenbahnraub*, diesmal ohne Ronald Biggs und Horst

Tappert, aber nicht weniger minutiös und effizient durchgeplant, Wirklichkeit werden. Eisenbahnraub? Wieso Eisenbahnraub? Na, weil die eigentlich sowieso uns gehört! Die Gleise, die Züge, die Grundstücke in allerbesten Innenstadtlagen, die Bahnhöfe, die schmucken Uniformen der Zugbegleiter und den ganzen anderen Kram haben wir, unsere Großväter und Urgroßväter schon mal bezahlt. Mit Steuergeldern. Auch den Schotter unter den Gleisen. Und jetzt wollen die dafür noch mal Schotter haben?

Jau, wollen die. Aber zum Glück nicht so viel. Sachverständige kühle Rechner meinen nämlich, dass der ganze Plunder, den die Bahn so ihr Eigen nennt, mindestens einhundert Milliarden Euro wert ist.[83] Davon will der Verkehrsminister (früher oder später, jetzt halt erstmal ein bisschen später) ungefähr die Hälfte an der Börse verkaufen – und freut sich über erwartete Einnahmen in Höhe von circa fünf Milliarden.

Bevor Sie jetzt den Taschenrechner zücken, um Ihr Kopfrechenergebnis zu überprüfen, sei Ihnen gesagt, dass Sie nicht an Ihrem Verstand zu zweifeln brauchen. Das hat schon alles seine Richtigkeit. Eine marktübliche Verzinsung von etwa zehn Prozent auf das Betriebsvermögen (ob es jetzt hundert oder zweihundert Milliarden Euro sind) anzustreben würde bedeuten, Jahr für Jahr zehn bis zwanzig Milliarden zu erwirtschaften. Hält das jemand für realistisch? Nö – es sei denn, jeder Fahrgast wird in Zukunft mit dem Erwerb einer Fahrkarte dazu verpflichtet, bei dem

83 Der eine oder andere spricht auch von zweihundert Milliarden, aber wir wollen bescheiden bleiben und konservativ rechnen.

Brezelheini, der alle zwanzig Minuten mit seiner Karre auftaucht, einen Kaffee, eine Brezel und einen Schokoriegel zu den »marktüblichen« Horrorpreisen im ICE zu kaufen. Da spätestens das zu Fahrgastmeutereien und dem Aussetzen des Brezeltyps auf offener Strecke führen würde, ist die Bahn dem gesundem Menschenverstand und betriebswirtschaftlich seriösen Bewertungen folgend aufgrund ihres riesigen Anlagevermögens einfach nicht börsenfähig.

Will man trotzdem an die Kohle ran, die ein Börsengang in die Kasse spülen würde, bleibt halt nur, alles, was der Rendite Abbruch tun könnte, abzukoppeln (kleines Wortspiel!), wie zum Beispiel wenig attraktive Bahnverbindungen ins sächsische Hinterland oder die unendlichen Weiten Mecklenburg-Vorpommerns. Wertvolle Liegenschaften überträgt man an eine Grundstücksgesellschaft, und den Rest rechnet man sich irgendwie so hin, dass es passt. Noch Fragen?

Ja, denn der Börsengang der Bahn wirft nicht nur seine Schatten voraus, er nimmt bisweilen auch absurde Züge (noch ein kleines Wortspiel!) an. So wurde man beispielsweise nach Verlassen eines Zuges in der niedersächsischen Landeshauptstadt per Lautsprecherdurchsage jahrelang freundlich in der »Messe- und Expostadt Hannover« begrüßt. Einen Bahnhof weiter in der »VW- und Autostadt Wolfsburg«. Machen die nicht mehr. Weil es Werbung ist, sagt die Bahn. Auch bei *Lutherstadt Wittenberg*?

Ja, natürlich ist das Werbung. Und mit Werbung lässt sich Geld verdienen, ihr Schnellmerker! Warum heißt das Münchener Fußballstadion wohl *Allianz Arena*, das in Frankfurt (am Main) *Commerzbank-Arena*, und warum wurde das ehemalige Hamburger Volksparkstadion nach der Umbenennung in *AOL Arena* und *HSH Nordbank Arena* schon zum dritten Mal umgetauft, nämlich in *Imtech Arena*?

Will man hier die Weichen für die Zukunft stellen (abermals ein kleines Wortspiel!) und fit für den Börsengang sein, sollten alle Bahnhofsnamen sofort an Sponsoren verkauft werden. Willkommen in E.on-Düsseldorf, Telekom-Bonn, Deutsche-Bank-Frankfurt oder Paulaner-München.

Allerdings sind für den Börsengang der Bahn ungleich günstigere Voraussetzungen gegeben als noch für die Telekom oder die Post. Die leben den Servicegedanken da schon lange. Und haben sogar gleichnamige Points eingerichtet. Und grinsen tun die da auch. Ob es eher echtes Mitleid für den auf der Strecke gebliebenen (abermals ein kleines ... Na, Sie wissen schon!) Fahrgast ist oder eher ein »Du-arme-Sau-fährst-Bahn?-Hast-du-Flugangst-oder-was?«-Grinsen entzieht sich unserer Kenntnis. Na ja, besser mit rotem Mützchen am ServicePoint sitzen und ab und zu mal mit den Achseln zucken, als zu Hause schon mittags »Familien im Brennpunkt« gucken und womöglich noch auf die schiefe Bahn (...!) geraten.

Gut, das Tarifsystem orientiert sich in puncto Übersichtlichkeit und Transparenz an denen der Mobilfunkanbieter, man sollte für den Erwerb einer Fahrkarte am Automaten getrost einen ganzen Vormittag einplanen, Pünktlichkeit wird ebenso großgeschrieben wie bei einer Buslinie im Süden Tansanias, dafür werden aber Preise aufgerufen, als hätte man die Königssuite auf dem Traumschiff gebucht, und die Toiletten in den Zügen sehen in der Regel aus, als könnte man sich dort Krankheiten holen, die es noch gar nicht gab, als da zum letzten Mal feucht durchgewischt wurde. Aber bis auf diese kleinen, exemplarisch ausgesuchten Schönheitsfehler hat die Bahn doch in der Bevölkerung seit jeher den Ruf eines seriösen und beliebten Unternehmens, das ein großes Quantum Vertrauen genießt und ein ebensolches an Trost spendet, wenn wirklich ausnahmsweise einmal ein kleines Missgeschick bei der Einhaltung des Fahrplans oder ähnliche Unbill passieren sollte. Die Bahn kommt – zumindest an die Börse. Früher oder später.

Danksagung

»Ich sage nur ein Wort:
Vielen Dank«
Horst Hrubesch, Kopfballungeheuer

Ich danke:

Der **Lehman Brothers Inc.**, ehemalige amerikanische Investmentbank und Twin Towers der amerikanischen Bankenwirtschaft. Während wir den Warner Brüdern cineastische Kleinode wie *Casablanca* und die *Harry Potter*-Filme verdanken, haben die Lehman Brüder uns zu herrlichen Büchern über die Finanzkrise im Speziellen und die Wirtschaft im Allgemeinen verholfen. Wie diesem hier. Danke, Lehman Brothers, und ruhet sanft!

Der **KfW Bankengruppe**, die im September 2008 der amerikanischen Investmentbank Lehman Brothers, trotz oder gerade wegen der sich unmittelbar abzeichnenden Insolvenz, noch schnell 350 Millionen deutsche Steuergelder in den Abgrund hinterhergeworfen und Abermillionen mit Anlagespekulationen in Island versenkt hat. Als ehemalige Kreditanstalt für Wiederaufbau, gegründet direkt nach dem Kriege, darf man halt nie seinen Optimismus verlieren. Danke, KfW!

Klaus Zumwinkel für das sofortige Auszahlenlassen seiner Pensionsansprüche an die *Deutsche Post AG* in Höhe von 20 Millionen Euro, mit denen er nun kräftig die Wirtschaft ankurbeln kann. Hier gilt mal nicht Omas guter Rat »Aber nicht alles sofort verschnuckern!«, sondern die Devise »Ab zum nächsten Kiosk!«. Danke, Herr Zumwinkel!

General Motors, Mutterkonzern der deutschen Automarke *Opel*, der den Marsch des Magna-Chefs Frank Stronach aus Österreich auf die Werkshalle in Rüsselsheim in letzter Sekunde niedergeschlagen hat. Na ja, solange es nicht wieder die Feldherrnhalle in München gewesen wäre, hätten wir beide Augen zugedrückt. Danke, GM!

Michael Glos, der stets hoffte, »dass es meinem Land nie so dreckig geht, dass es auf Leute wie mich zurückgreifen muss«, und daher folgerichtig erst im Februar 2009 als Bundeswirtschaftsminister zurückgetreten ist, nachdem er alles wieder in beste Ordnung gebracht hatte. Danke, Herr Glos!

Wendelin Wiedeking, ehemaliger Vorstandchef von *Porsche*, für sein Buch »Das Davidprinzip«, seine Vision, den Goliath Volkswagen schlucken zu wollen, während er übersah, dass bereits Alt-Kanzler Helmut Schmidt Leuten, die Visionen haben, riet, den Arzt aufzusuchen. Danke, Herr Wiedeking!

Karl Theodor Maria Nikolaus Johann Jacob Philipp Franz Joseph Sylvester von und zu Guttenberg, der immer ein bisschen so aussieht, als trüge Lothar Matthäus jetzt Brille und hätte sein Altöl im Haupthaar entsorgt, für seine Frau. Danke, Karl Theodor Maria Nikolaus Johann Jacob Philipp Franz Joseph Sylvester![84]

Wolfgang Clement, dem seine Mannschaft[85] vorgeworfen hat, er hätte in einem wichtigen Spiel[86] der eigenen Torfrau[87] die Bälle um die Ohren geschossen[88], dabei hatte er längst und für alle sichtbar das Trikot[89] gewechselt. Danke, Herr Clement!

84 Als der Ältere dürfte ich ihm das »Du« anbieten.
85 SPD
86 Landtagswahl in Hessen
87 Andrea Ypsilanti
88 Pro Atomkraft
89 RWE

Der **Hypo Real Estate**, an deren Beispiel wir gesehen haben, dass die Verstaatlichung von Banken ganz, ganz schnell gehen kann, und gespannt sein dürfen, auf wen das Finanzmarktstabilisierungsergänzungsgesetz noch angewendet wird, wenn Oskar Lafontaine doch noch mal ins Geschehen eingreift. Danke, HRE!

Franz Müntefering, der ehemalige Konkursverwalter der Sozialdemokratie Deutschlands, der als Mitglied der Bundesregierung und Vorsitzender der SPD-Bundestagsfraktion durch das 2003 verabschiedete und 2004 in Kraft getretene *Investmentmodernisierungsgesetz* Hedgefonds in Deutschland überhaupt erst möglich gemacht hat und sich seitdem über Heuschreckenkapitalismus aufregt hat. Danke, Herr Müntefering!

Angela Merkel, dafür, dass sie sich, so gut sie konnte, und das konnte sie gut, aus allem herausgehalten hat. Danke, Frau Merkel!

Peer Steinbrück, dem ehemaligen Finanzkrisenminister und lustigen Kalle Flummi der Sozialdemokratie, durch den wir endlich wissen, dass die Hauptstadt von Burkina Faso Ouagadougou heißt. Kann man immer mal bei »Wer wird Millionär?« gebrauchen. Danke, Herr Steinbrück!

Thomas Müller, Schweizer Politiker und Mitglied des Nationalrates, und **Jean Asselborn**, luxemburgischer Außenminister, für die Erkenntnis, dass Peer Steinbrück hässlich ist und wir sowieso alles Nazis sind. Danke, Herr Müller! Danke, Herr Asselborn!

Henry Ford für seinen weitsichtigen Hinweis: »It is well enough that people of the nation do not understand our banking and monetary system, for if they did, I believe there would be a revolution before tomorrow morning.« Danke, Herr Ford!

Unser aller Kinder, Kindeskinder und Kindeskindeskinder, die, wenn wir schon alle nicht mehr sind, noch die Raten für unser

Luxusleben auf Pump abstottern dürfen. Danke, unser aller Kinder, Kindeskinder und Kindeskindeskinder!

American Express, Diners Club, VISA und MasterCard für viel Gesprächstoff, große Überschriften in den Tageszeitungen und prall gefüllte Nachrichtensendungen in der Zukunft. Man liest sich …

Willkommen in der Comedy Class!

208 Seiten
ISBN 978-3-442-47262-8

»Abrechnung eines Vielfliegers«

Hamburger Morgenpost

Überall, wo es Bücher gibt und GOLDMANN unter www.goldmann-verlag.de

Die ganze Welt des Taschenbuchs unter

www.goldmann-verlag.de

Literatur deutschsprachiger und internationaler Autoren, **Unterhaltung, Kriminalromane, Thriller, Historische Romane** und **Fantasy-Literatur**

Aktuelle **Sachbücher** und **Ratgeber**

Bücher zu **Politik, Gesellschaft, Naturwissenschaft** und **Umwelt**

Alles aus den Bereichen **Body, Mind + Spirit** und **Psychologie**

GOLDMANN

Überall, wo es Bücher gibt und unter www.goldmann-verlag.de

Goldmann Verlag • Neumarkter Straße 28 • 81673 München